山东省社会科学规划研究项目（19CKPJ06）

促进残疾人健康"体医工融合"协同创新的研究

高丽　周继和　肖雪　著

人民体育出版社

图书在版编目（CIP）数据

促进残疾人健康"体医工融合"协同创新的研究 / 高丽, 周继和, 肖雪著. -- 北京 : 人民体育出版社, 2025. -- ISBN 978-7-5009-6577-0

Ⅰ . D669.69

中国国家版本馆CIP数据核字第202500KC60号

促进残疾人健康"体医工融合"协同创新的研究

高丽　周继和　肖雪　著
出版发行：人民体育出版社
印　　装：北京明达祥瑞文化传媒有限责任公司

开　本：710×1000　16开本　　印　张：11　　字　数：211千字
版　次：2025年8月第1版　　印　次：2025年8月第1次印刷
书　号：ISBN 978-7-5009-6577-0
定　价：65.00元

版权所有·侵权必究
购买本社图书，如遇有缺损页可与发行与市场营销部联系
联系电话：（010）67151482
社　　址：北京市东城区体育馆路8号（100061）
网　　址：https://books.sports.cn/

前　言

《促进残疾人健康"体医工融合"协同创新的研究》是我们在山东省社会科学规划研究项目的基础上重新修订撰写的。在研究过程中，我们以严谨治学、求真务实的学风，提出研究思路、确定研究框架、设计研究方案、设置研究内容，力求研究过程的系统性、完整性、科学性。在项目主持人前期课题完成稿的基础上，经过项目主要研究人员和参与人员历时3年的努力，最终得以完成。

这是一本专注于体育学、康复医学、医学工程领域的重要著作，本书从理论与实践层面对"体医工融合"的概念、理论、思路和措施进行多维度、多视角、多学科的系统分析，试图构建"体医工融合"协同创新发展的模式。立足于大力推进"全民健身和全民健康"强国战略的时代背景，梳理国内外有关"体医工融合"的基本理论和学术思想，形成"体医工融合"科学概念，探究新时代"体医工融合"协同创新发展的本质内涵及外延，构建"体医工融合"的理论体系和基本模型。并运用社会科学和自然科学方法交叉进行"体医工融合"的实证研究，提出协同创新发展路径和对策，创建促进残疾人健康事业进程中"体医工融合"协同创新发展最佳理论模型和框架，为促进残疾人健康事业"体医工融合"协同创新发展提供理论依据与实证支持。本书突破以"体医结合"为本、以康复工程为本的传统思维理念，在体医结合基础上使康复工程为残疾人代偿功能实现最优化，并对多元主体协同创新进行深入探讨，提出有效的策略和方法，对于完善"体医工融合"协同创新理论、助力残疾人群体康复、提高残疾人生活质量、促进残疾人全面发展、提升残疾人幸福感，具有一定的理论和实践意义。

本书以促进残疾人健康事业进程中"体医工融合"的协同创新发展为研究

对象，以改革创新、整合升级、价值效益、融合协同为研究主线，遵循"机制分析—假设提出—模型构建—实证分析"的研究路径，进行立体解读，展开层层剖析。

第一章归纳总结国内外关于"体医工融合"的理论研究现状，探索"体医工融合"研究的独特视角，阐释"体医融合""康复工程"的理论内涵以及多元主体协同创新的概念与机制，阐述研究方法和主要内容，设计行文思路和执行路线，指出研究不足和创新之处。

第二章分析"体医融合"协同内在动力，探讨"医工结合"的责任和使命，深入解析"医工结合"协同创新的驱动逻辑、实现机制和相关需求。

第三章提出关于"体医工融合"多元主体协同的相关假设，并构建多元主体协同的概念模型，分析不同主体之间的协同关系，为后续的实证研究奠定基础。

第四章构建"体医工融合"多元主体协同模型，使用复合干预处方进行实证分析。在此基础上，针对实践应用问题，选择康复医院、社区、特殊教育学校建立"体医工融合"协同创新示范区，将不同等级残疾人群获得的健康行为复合干预处方进行循环验证，构建残疾人健康自主性的"体医工融合"协同创新通用模型。

第五章根据综合分析结果，从提高认识、构建协同创新模式、完善多元服务主体、创新平台建设、优化融合互惠模式、强调人才和政策保障等方面，探索促进残疾人健康"体医工融合"协同创新发展的实施对策。

本书在撰写过程中，参考和借鉴了一些专家和学者的研究成果、相关著作和论文；得到了山东省哲学社会科学工作办公室、四川省社会科学规划办公室的悉心指导；人民体育出版社孔令良老师、赵欣老师给予了大力支持；成都体育学院为项目的完成提供了保障和支持，在此一并表示感谢！人民体育出版社为本书的编审和出版做了大量工作，在此深表谢意。由于水平有限，书中难免有不妥之处，恳请广大同仁批评指正。

高丽
2023年11月

目　录

引言 ……………………………………………………………（1）

　　一、研究背景 …………………………………………………（1）

　　二、研究价值 …………………………………………………（9）

　　三、研究创新 …………………………………………………（10）

第一章　国内外理论研究的现状及分析 ……………………（11）

　　第一节　"体医工融合"相关研究 ……………………………（11）

　　　　一、"体医融合"的研究视角 ……………………………（11）

　　　　二、"康复工程"的研究视角 ……………………………（37）

　　第二节　多元主体协同创新相关研究 ………………………（69）

　　　　一、多元协同治理概念 …………………………………（69）

　　　　二、多元主体协同内涵研究 ……………………………（72）

　　　　三、多元主体协同机制研究 ……………………………（76）

　　　　四、目前研究中存在的不足 ……………………………（78）

第二章　"体医工融合"内在需求分析 ………………………（79）

　　第一节　"体医融合"协同内在动力 …………………………（79）

　　　　一、新时期"体医融合"的全球责任和国家战略要义 …（79）

　　　　二、新时期"体医融合"的跨学科使命与责任 …………（81）

　　第二节　"医工结合"协同相关需求 …………………………（85）

　　　　一、"医工结合"的新内涵和新价值 ……………………（85）

　　　　二、"医工结合"协同的相关需要 ………………………（86）

第三章 "体医工融合"多元主体协同的相关假设分析 …… （92）

第一节 "体医工融合"多元主体协同的相关假设提出 …… （92）
一、"体医工融合"科学健身模式是残疾人康复模式的最佳选择 …… （92）
二、"体医工融合"多元主体协同的相关假设提出 …… （101）

第二节 "体医工融合"多元主体协同的概念模型构建 …… （103）
一、构建概念模型 …… （104）
二、设计调查问卷 …… （104）
三、选取研究样本 …… （106）

第四章 "体医工融合"的多元主体协同模型构建与实证分析 …… （107）

第一节 "体医工融合"深度融合的结构方程模型构建 …… （107）
一、设计模型测量指标 …… （107）
二、样本数据可信度检验结果分析 …… （109）
三、因子分析的适用性测试 …… （111）

第二节 "体医工融合"的结构方程模型实证分析 …… （112）
一、结构方程模型初始模型分析结果 …… （112）
二、修正模型分析结果 …… （114）

第三节 "体医工融合"的结构方程模型实证结构讨论 …… （114）
一、研究假设验证结果 …… （114）
二、研究假设验证结果分析 …… （115）

第五章 "体医工融合"协同创新对策 …… （119）

第一节 提高对"体医工融合"的认识 …… （119）
一、"体医工融合"存在的主要问题 …… （119）
二、从顶层设计角度出发，加快推进"体医工融合" …… （120）
三、从体育事业角度出发，做好全民健身活动 …… （122）
四、从政策法规层面出发，规范体育产业 …… （125）

目 录

第二节　构建以学科交叉融合为基础的"体医工融合"协同创新模式 …………………………………………………………（128）

　　一、"体医工融合"协同创新模式的提出 ……………（128）

　　二、"体医工融合"协同创新模式的优化 ……………（129）

　　三、构建"体医工融合"协同创新模式的对策 ………（130）

第三节　完善"体医工融合"的多元服务主体 ……………（131）

　　一、健康中国背景下"体医工融合"的时代特征 ……（131）

　　二、健全体育服务主体，构建全民健身高质量发展新格局 …（134）

　　三、强化卫生服务主体，促进体育保健融入医疗卫生服务 …（139）

　　四、完善康复工程技术，加强相关学科之间的交叉融合 …（143）

第四节　加强"体医工融合"协同创新平台建设 ……………（145）

　　一、"体医工融合"协同创新平台建设的目的和任务 ……（145）

　　二、"体医工融合"协同创新平台的组成及功能 ……（147）

　　三、"体医工融合"协同创新平台的实现路径 ………（148）

　　四、"体医工融合"协同创新平台建设的策略 ………（149）

第五节　增强关联以优化"体医工融合"互惠模式 …………（150）

　　一、"体医工融合"是一项系统性工程，需要全社会参与 …（150）

　　二、增强各主体间相互关联，构建"体医工融合"共享模式

　　　　………………………………………………………（151）

　　三、加强体育健康的功效，构建"共建、共享、共赢"的体育公共服务体系 ………………………………………（154）

　　四、强化非医疗手段力度，建立以疾病防治为目的的运动处方

　　　　………………………………………………………（159）

第六节　提供"体医工融合"的人才和政策保障 ……………（163）

　　一、坚持政府主导，构建多元主体协同创新机制 ……（163）

　　二、加强体育科研人员队伍建设，完善人才培养机制 ……（164）

　　三、建立有效的人才激励机制，为科技人员充分发挥智慧提供制度保障 ……………………………………………（165）

引 言

一、研究背景

我国的服务体系保障社会重点人群，为重点人群提供相应的公共服务，尤其是残疾人群体。在全面建设社会主义现代化国家新征程中，需要加快推进残疾人社会保障和服务体系建设。党的十九届五中全会将健全残疾人关爱服务体系和设施，完善帮扶残疾人等社会福利制度纳入"十四五"规划建议；党的十九届六中全会再次强调加快发展残疾人事业；党的二十大报告明确提出"完善残疾人社会保障制度和关爱服务体系，促进残疾人事业全面发展"。[1]

残疾人服务体系能够为残疾人提供相应的公共服务，是国家服务体系的有机组成部分，亟须各级政府和相关部门从政治层面和社会层面，整合现有资源，建立健全残疾人服务体系。加强各级政府的主导作用，使之成为构建残疾人服务体系的主体，强化全社会的责任意识，使之成为构建残疾人服务体系的基础，着力推进残疾人服务事业改革发展。按照全面深化改革的总体要求，以改革创新精神统筹推进残疾人事业改革发展，特别要从解决事关残疾人切身利益的问题入手，着力推进残疾人事业改革创新。在全面深化改革的大背景下，要把残疾人事业纳入国家改革发展的大局去思考与推进，以改革创新精神全面推进残疾人服务体系建设，促进残疾人事业与经济社会协调发展，坚持以人为本，完善残疾人权益保障体系。

改革开放以来，我国残疾人事业取得长足发展，残疾人生活水平有了明显提高，但是与广大残疾人的要求还有较大差距，还存在诸多不适应发展需要的问题。针对残疾人服务体系，国家出台了相应的政策文件，为国家服务体系能

---

[1] 刘博通. 托起"稳稳的幸福"——残疾人事业五年发展成就综述［EB/OL］.（2023-09-17）［2024-06-03］. https://baijiahao.baidu.com/s?id=1777248263624429839&wfr=spider&for=pc.2023-09-17.

够更好地为残疾人群体提供公共服务指明方向。值得注意的是，在2016年10月由中国残联、国家卫生计生委、民政部、教育部、人力资源社会保障部联合印发的《残疾人康复服务"十三五"实施方案》中进一步明确了国家基本公共服务清单的内容，尤其将残疾人健康管理与残疾人社区服务纳入其中。党的十九大报告更是将残疾人公共服务上升至新的高度，将发展残疾人事业与残疾康复服务作为未来国家在该领域施政方针的方向性指导。特别是"健康中国2030"国家战略中提出的"全方位""全周期""全人群的健康服务""疾病预防""疾病筛查""全民健康""社区赋能"等关键词深入人心。在"健康中国2030"国家战略的引领下，"医体结合"能够针对不同环境，在不同人群中，依据不同群体或个体的身体机能差异，提出不同种类且有针对性的健康保健模式。

未来，我国健康产业将由快速增长阶段转向高质量发展阶段，在医疗领域的"医""体"双方将紧密结合，深入推进健康管理与保健养生产业的深度融合，将健康理念融入现代生活。随着老龄化加剧，老年人的医疗健康问题越发严重，我国对于老年人的医疗健康问题也愈加重视。在新时代背景下，老年人的医疗服务需求以及对医疗服务质量的要求都在不断提高。因此，医疗健康领域的发展前景将愈加广阔。"十三五"期间，我国医疗健康产业呈现出多层次、多领域、多元化的发展态势，同时，在医疗健康领域的投资规模和覆盖范围也在不断扩大，从曾经的主要集中于高端设备以及人工耗材的投资向医疗健康领域的"大专科、小综合"模式转变。在此背景下，国家不断加大医疗健康领域的资金投入力度，医疗健康领域的投资规模也将进一步扩大，在"健康中国2030"国家战略的引领下，将会有更多的资本、技术和人才投入医疗健康领域。

与此同时，随着我国医学健康领域的投资规模和覆盖范围不断扩大，我国在医疗健康领域的应用范围也在不断延伸，从以前的单一治疗，向疾病预防、康复、健康管理、护理等多方面拓展，为人民群众提供多元化的健康服务。在新时代背景下，我国医疗健康产业不断深入发展，与人们日常生活愈加密切相关，随着人们对健康和医疗服务需求的日益增加，医疗健康产业也将迎来更好的发展机遇。我国健康管理行业将不断发展壮大，人们的健康意识也将得到进一步提升。

上述国家相关政策的制定，以及"健康中国2030"国家战略的落地与实施，都为当前残疾人群体公共服务，尤其是残疾人群体的医疗健康服务提供了新的思路与新的契机。对残疾人群体而言,"健康中国2030"战略的实施,不仅为残疾人群体提供了新的公共服务政策依据,也为残疾人群体参与社会生活、融入社会发展提供了新的机遇与路径。实现残疾人群体的基本公共服务均等化,即从有差别的需求出发,面向全体残疾人,从普遍服务到特殊需求,以个性化服务为核心,统筹社会资源,加快推进残疾人公共服务均等化。实现残疾人公共服务均等化,首先,要完善残疾人公共服务制度,构建和完善政府主导、社会参与、市场运作的残疾人公共服务体系,通过政府购买公共服务等方式,引入多元化的残疾人公共服务供给主体,调动更多的社会资源,满足残疾人多元化需求。其次,要加快残疾人社会保障体系和服务体系建设,残疾人社会保障体系主要包括基本医疗保险、基本养老保险和困难残疾人生活补贴等制度,残疾人服务体系主要包括残疾人康复服务体系、就业创业服务体系和文化体育服务体系等。最后,残疾人公共服务还应充分考虑残疾人群体的特殊需求,如残疾人群体的教育培训、康复辅具、就业创业等,统筹推进公共服务体系建设,实现残疾人公共服务均等化与残疾人事业发展相协调。

残疾人事业发展主要是指残疾人的基本生活状况和社会地位不断改善,实现残疾人的全面发展。残疾人公共服务均等化的实现,既不能以损害残疾人基本生活状况和社会地位为代价,也不能以损害残疾人公共服务供给为代价。从公共服务的角度来看,残疾人事业发展的目的是不断提高残疾人的生活水平,提升残疾人的社会地位,提高残疾人参与社会生活的能力,促进残疾人的全面发展,而这需要政府、社会、市场等多元主体共同努力,不断完善相关法律法规体系,营造良好的政策环境。

据相关统计,中国各类残疾人总数超过8500万人,这个群体关系着2亿亲属和全国近五分之一的家庭,残疾人问题是一个社会问题。在推进残疾人事业发展过程中,保障残疾人基本公共服务均等化是一项重要工作内容,而健全残疾人医疗卫生服务体系则是推进残疾人事业发展的重要方面。党的十八大以来,残疾人事业在党中央、国务院的坚强领导下,取得了历史性成就,残疾人的获得感、幸福感、安全感不断提升。特别是残疾人基本公共服务均等化工作取得显著成效,为推进残疾人事业发展奠定了坚实基础。在健全残疾人医疗卫生服务体系方面,《"健康中国2030"规划纲要》明确提出"要推动健康服务供给侧结构性改革,卫生计生、体育等行业要主动适应人民健康需求,深化体制机制改革,优化要素配置和服务供给,补齐发展短板,推动健康产业转型升级,满足人民群众不断增长的健康需求""建立完善针对不同人群、不同环境、不同身体状况的运动处方库，推动形成体医结合的疾病管理与健康服务模式，发挥全民科学健身在健康促进、慢性病预防和康复等方面的积极作用""将残疾人康复纳入基本公共服务，实施精准康复，为城乡贫困残疾人、重度残疾人提供基本康复服务"。[1]党的十九届五中全会从党和国家事业发展全局的高度，提出了到2035年"建成健康中国"的远景目标；"加快构建老年健康服务体系，深入推进医养结合，增加居家、社区、机构等医养结合服务供给"。[2]在全民健身上升为国家战略的今天，如何更好地为残疾人群体提供优质的公共服务，尤其是医疗健康服务，是体现社会公平正义、促进社会平稳有序发展的重大课题。

"十三五"时期，我国残疾人康复事业发展机遇和挑战并存。残疾人康复事业的发展，将从根本上改善残疾人生存状况，提高生活质量，实现残疾人"人人享有康复服务"的目标，为全面建设小康社会做出重要贡献。但是，鉴于我国残疾人康复工作起步晚，基础薄弱，残疾人康复工作仍面临许多问题和挑战。目前，我国残疾人康复事业尚处于发展阶段，医疗康复服务体系、职业康复服务体系建设尚不健全，城乡发展不平衡现象较突出，农村基层残疾人康复服务设施和设备十分薄弱，在一些地方，康复需求得不到满足，影响了残疾人的全面发展。由此可见，我国残疾人事业发展与残疾人医疗健康服务任重而道远，具体表现在以下几个方面。

第一，康复服务现状不容乐观。许多残疾人因家庭经济困难，难以享有基本康复服务，特别是农村残疾人，没有接受康复训练和治疗的机会。有些地方政府虽然出台了相应的补贴政策，但保障范围有限，补贴标准也不高，残疾人康复救助资金普遍存在着发放数额小、补助水平低、项目单一等问题。所以在实际工作中很难让残疾人真正享受到康复服务的好处。尤其是在医疗条件较差、卫生服务人员素质不高、康复经费不足等因素影响下，康复机构服务水平较低。

---

[1] 中华人民共和国中央人民政府. 国务院印发《"健康中国2030"规划纲要》[EB/OL].（2016-10-25）[2024-06-03]. https://www.gov.cn/zhengce/2016-10/25/content_5124174.htm.

[2] 马晓伟. 全面推动健康中国建设[EB/OL].（2020-11-30）[2024-06-03]. https://www.gov.cn/xinwen/2020-11/30/content_5565835.htm.

引 言

第二，康复保障制度尚不完善。残疾人康复周期长、花费大，现有的社会保障体系更多是保障基本医疗健康服务，针对残疾人群体的特殊医疗健康服务项目，较多不在社会保障体系目录内，加之报销比例以及补偿水平受区域社会经济发展的限制，使残疾人及残疾人家庭在残疾人医疗健康服务方面经济负担普遍较重。"十四五"时期，国家将继续加大对残疾人群体医疗健康服务的支持力度，逐步提升残疾人基本公共卫生服务项目和家庭医生签约服务项目水平，为残疾人群体提供更好的医疗健康服务，使残疾人能够共享经济社会发展成果。对残疾人来说，建立医疗保障制度是关键。以医保为代表的公共卫生体系，需要在制度设计和运行方面考虑残疾人群体的特殊性，保障其基本医疗卫生需求。《"十四五"残疾人保障和发展规划》提出"完善残疾人社会福利制度和社会优待政策""均等化的残疾人基本公共服务体系更加完备，残疾人思想道德素养、科学文化素质和身心健康水平明显提高""健全残疾人关爱服务体系，提升残疾人康复、教育、文化、体育等公共服务质量"。[1]

第三，社会康复服务体系不健全、不完善，专业化服务能力不强。"健康中国2030"国家战略落地实施已初见成效，连续型诊疗康复路径逐步完善。但是针对特殊人群，尤其是残疾人群体的相关连续型诊疗康复路径还有待进一步加强，较多环节尚未打通，残疾人群体的健康服务、健康管理等受到经费、人员、场地等软硬件资源的限制，发展较为迟滞。同时，社会康复服务机构在人才培养、场地设备、服务创新等方面存在许多问题，与群众需求还有较大差距，专业化的社会康复服务能力与水平仍有待提高，服务内容还不够丰富，服务效果和质量还不能充分满足广大人民群众的需求。对此，要以习近平新时代中国特色社会主义思想为指导，深入贯彻落实党的十九大和十九届历次全会精神，坚持以人民为中心的发展思想，把建设"健康中国"与建设"文化强国"有机结合，切实提高卫生健康服务质量。基于以上问题，在"健康中国2030"国家战略的引领下，如何促进残疾人群体获得优质的医疗健康服务，如何推动我国残疾人事业持续健康发展，是本书关注的主要问题。

---

[1] 中华人民共和国中央人民政府. 国务院关于印发"十四五"残疾人保障和发展规划的通知［EB/OL］.（2021-07-08）［2024-06-03］. https://www.gov.cn/gongbao/content/2021/content_5629604.htm.

鉴于此，本书主要研究"体医工融合"对残疾人群体的医疗健康服务及其发展方面的重要作用。目前，国内外学者对残疾人健康服务在残疾人康复服务模式、流程优化、康复器械使用等方面均有一定的研究，这些研究多将残疾人康复服务与体育服务融合起来进行探讨，也有学者将残疾人体育健康融入残疾人康复过程进行探讨，但其研究视角略显单一。

一方面，残疾人康复服务不仅需要结合我国社会发展的现实情况，进一步对残疾人康复模式进行科学优化，还需要对残疾人康复服务模式的构建和发展不断进行创新。在对残疾人康复服务进行具体的设计和分析时，需要关注其与残疾人医疗体系的关系，构建符合我国国情和残疾人康复实际状况的服务模式。随着我国经济不断发展，残疾人的需求也在不断地增加，因此在对残疾人进行康复服务时，需要对残疾人的实际需求进行充分的了解，从而为残疾人提供更加人性化和精细化的服务。对于残疾人康复服务的研究，需要将残疾人的家庭成员和监护人作为重要内容，通过对其进行深入的了解，从而有效地掌握其不同阶段的不同需求，为残疾人康复服务提供更加个性化和精细化的服务。

另一方面，残疾人康复需要纳入更多的康复服务主体，同时考量在康复服务中多元主体间的协同与高效整合。从国内残疾人康复服务的发展现状来看，多元主体参与是未来发展的必然趋势。尽管目前我国残疾人康复服务仍然由政府主导，但随着国家政策与相关法律法规的不断完善，未来将有更多力量参与到残疾人康复服务中。未来残疾人康复服务的多元主体之间的关系如何处理，他们各自在其中扮演的角色发挥什么作用，如何形成合力真正帮助残疾人，这些都是我国残疾人康复服务发展所需考虑的问题，也是政府在政策制定与落实中要重视的问题。具体来说，在国家政策的指引下，社会力量在未来残疾人康复服务中的角色应该是通过提供技术、资金及人力资源等各种服务，解决残疾人康复服务中的相关问题，在残疾人康复服务体系中发挥重要作用。另外，企业、社会组织和家庭等多元主体也可以通过资源整合，建立起一个多元化、多层次、全方位的残疾人康复服务体系。从这个角度来说，多元主体之间可以形成一种"合作"与"共享"的关系，形成合力，有效推动残疾人康复服务体系的建设。因此，需要从宏观和微观两个层面入手，在宏观上，要通过健全与完善相关的法律法规与政策体系，为残疾人康复服务体系的建设提供制度保障；在微观上，要发挥市场主体的作用，建立多元化的残疾人康复服务体系。

在残疾人康复服务中，不仅有医疗健康服务和体育服务，同时还需要康复器械的辅助。目前，我国残疾人康复器械市场的供给严重不足，特别是智能化产品存在着设备配置和使用上的问题。身体机能的恢复是残疾人康复最主要的目的，需要进行科学的康复训练。从本质上来说，残疾人康复的过程，就是让身体机能得到恢复并适应新环境。目前我国约有8500万名残疾人，其中大部分人是肢体残疾人，在康复过程中需要用到各种康复器械。第二次全国残疾人抽样调查数据显示，有辅助器具需求的残疾人占38.56%，曾接受辅助器具的配备与服务的残疾人占7.31%。由此可见，在康复训练过程中，残疾人群体对于辅助器械的需求远远未得到合理的满足。康复器械市场的空白是残疾人康复服务迫切需要解决的问题。而传统的康复器械已经不能满足残疾人康复需求，更多的残疾人需要更加智能、便捷的康复器械，也就是智能康复机器人。

辅助器具产业具有高技术含量、高附加值的特征，因此，我国残疾人辅助器械产业的发展是时代发展的必然要求。然而，根据现有统计数据可知，残疾人辅助器具产业发展现状不容乐观。我国残疾人辅助器具产业整体发展水平与发达国家相比仍存在较大差距，特别是在产品研发、设计、生产制造以及销售服务方面。从康复工程学的相关理论可知，残疾人辅具的科学性和合理性已得到学界与业界的认可，因此，康复工程在残疾人康复过程中具有重要的理论指导意义与实践价值。康复工程是康复医学与工程学融合而成的一门新兴交叉学科，旨在通过设计与实施，对疾病或损伤的肢体进行运动功能恢复与重建，使患者达到预期的功能状态或生活水平，康复工程相关研究多集中于肢体残疾的运动康复。为提升残疾人健康水平，"体医工融合"势在必行，在"体医工融合"的大蓝图中，亟待康复工程学相关元素的融入。卫生服务与体育健身服务是残疾人健康服务的最主要表现形式，康复工程学是残疾人健康服务的技术准备，因此三者交叉融合构成的"体医工融合"科学健身模式，是当前构建残疾人康复模式的最佳组合。

"体医工融合"科学健身模式的构建，可以为残疾人提供科学健身服务，促进残疾人全面发展，不断提高残疾人健康水平和生活质量。"体医工融合"科学健身模式，不仅是残疾人健康服务体系建设的需要，也是促进残疾人全面发展的需要。以《"健康中国2030"规划纲要》为指导，将健康理念贯穿于科学健身模式的构建中，注重运动健身对人体的综合影响和功能康复，注重运动训练对身体素质、机能的提高以及疾病治疗、预防保健等方面作用。坚持预防为主、防治结合的原则，加大政府投入，引导社会力量参与，制定支持残疾人体育事业发展的政策和措施，统筹规划建设与残疾人体育事业发展相适应的体育设施，推动残疾人体育活动的广泛开展。加强康复医学科、康复工程技术、社会体育指导与管理、体质健康监测评估等专业人才培养，加强学科融合，注重体育科技成果的转化运用，不断提高服务能力和水平，为残疾人提供更加全面的科学健身服务。加强科学健身与残疾人体育的宣传和普及，提高全社会对科学健身的认识，树立正确的健康理念，积极引导残疾人参与体育健身，为残疾人提供科学、有针对性的运动指导和服务，让广大残疾人都能享受体育带来的乐趣。

随着体育产业的迅速发展，我国残疾人体育事业也呈现出蓬勃发展的良好势头，但残疾人体育组织的管理、健身场所的建设、运动康复技术的使用等方面存在不足，特别是残疾人科学健身服务体系尚不完善。我国残疾人体育服务体系的建立，首先要解决残疾人体育组织建设及管理问题，加强残疾人体育组织的专业化建设；其次要解决残疾人体育健身场所及设施建设问题；最后要建立残疾人运动康复技术的推广与使用体系。如何发挥医学、体育学与康复工程学的优势，实现"体医工融合"在残疾人康复中的落地实施，提升残疾人群体的幸福指数，是当前值得深思的理论前沿课题。如针对残疾人健康服务体系，在"体医工融合"的大背景下，如何实现残疾人健康服务体系中多主体间的协同与整合。众所周知，在"体医工融合"的大背景下，体育医疗、康复工程等领域都在积极探索、尝试、实践等，如何实现"体医工融合"，为残疾人提供高效、精准的健康服务成为当前学者们研究的热点。此外，康复工程作为康复工程学与医学融合产生的新型学科，在残疾人健康服务体系中也受到关注。如在"体医工融合"大背景下，体育健康服务与康复工程所涉及的康复器械等领域都可以借鉴医学与康复工程学的相关理论知识和研究成果。

综上所述，无论从当前国家的大政方针，还是从"体医融合"的现实背景出发，残疾人健康康复急需体育与医疗的服务融合，尤其结合残疾人康复的具体情景，还需要康复器械的服务融合。如何在残疾人康复服务中高效协同体育、医疗、康复工程等多元主体，使其形成合力，共同服务于残疾人健康康复，成为当前业界与学界关注的前沿热点，同样也是本书研究的核心内容。

二、研究价值

（一）学术价值

本书梳理国内外体医融合、康复工程学相关理论和研究方法，以"体医工融合"协同创新理论为基础，针对残疾人健康需求现状，构建出适合个体和群体的运动健康行为干预策略，通过循环验证，形成具有中国特色的"体医工融合"协同创新理论模型。

（二）应用价值

《促进残疾人健康"体医工融合"协同创新的研究》是国内较早通过多学科参与联合攻关，对促进残疾人健康事业进程中"体医工融合"协同创新发展问题进行综合性研究，并提出解决问题对策的社会科学规划研究计划课题研究成果。本书以全民健身及健康中国为战略背景，以提高残疾人的身体健康水平、促进残疾人的全面发展为总体目标，提出促进残疾人健康"体医工融合"协同创新模式的假说，实证研究"体医工融合"协同创新发展的理论思路、文化体系，完善"体医工融合"协同创新发展，为促进残疾人健康事业"体医工融合"协同创新发展提供相应的解决方案和措施，具有很强的现实意义和应用价值。

第一，全面提高残疾人的身体健康水平和生活质量，提升残疾人的获得感和幸福感。本书探讨"体医工融合"协同下不同复合干预处方（具有"体医工融合"元素）对不同等级残疾人的效果，揭示残疾人健康行为的移动规律，从而为未来残疾人健康行为养成提供帮助，期望能获得可复制、有实效、能推广的促进残疾人健康行为的复合干预处方，综合助力残疾人健康发展。

第二，为政府部门制定促进残疾人群体健康和康复的相关政策，推进残疾人事业的持续健康发展提供决策参考依据。本书提出了促进"体医工融合"协同创新的对策和建议，不仅为地方政府及有关职能部门、相关行业提供决策参考依据，而且对国家奥运争光计划和残疾人健康促进事业具有很强的指导作用和应用价值，对于当前促进残疾人的全面发展，加快构建和谐社会，推进"两个文明"建设，都具有较强的借鉴意义。

第三，为社会工作者和残疾人服务机构工作人员以及残疾人及家属提供建议和指导。社会工作者和残疾人服务机构工作人员负责为残疾人提供服务和支持。本书探讨了多元服务主体的完善和创新平台的建设，对提高服务质量和服务水平，改善工作效能具有实际指导意义。同时，对残疾人及其家属来说，也可以增进他们对残疾人康复的理解，提供实用的建议和指导。

三、研究创新

本书为残疾人群体的健康和康复工作提出指导，为促进残疾人健康"体医工融合"协同创新提供思路、模式、政策和路径的参考和依据，研究成果突出体现了创新精神，实现多项突破。

（一）学术思想的突破性特色

学术思想方面，将体育、医学、工程学等多学科理论知识应用到残疾人体育事业促进和发展中，突破以"体医结合"为本、以康复工程为本的传统思维理念，在"体医结合"基础上使康复工程为残疾人代偿功能实现最优化，提出残疾人健康问题解决的"体医工融合"协同创新理论模式。

（二）学术观点的创新性

学术观点方面，本书针对残疾人的群体特点，将体育学、医学、工程学等不同学术观点融合在社会科学研究中，提出在促进残疾人健康事业进程中"体医工融合"协同发展的实证方法，学术观点具有创新性。

（三）研究方法的全面多样性

研究方法方面，本书除了使用社会科学经典研究方法，还结合自然科学中体育训练学、康复医学、运动生物力学、运动人体科学、康复工程学等多种实验测试方法。即将社会科学研究方法和自然科学研究方法相结合，进行全面研究，保证研究的严谨性和系统性。

第一章 国内外理论研究的现状及分析

> "体医工融合"和"多元主体协同创新"是本研究中最为核心的内容，明晰"体医工融合"和"多元主体协同创新"的理念内涵与研究基础构成整个研究工作最基础、重要的内容。

第一节 "体医工融合"相关研究

通过查阅文献发现，国内研究"体医融合"的专家学者较多，但有关"体医工融合"的研究几乎空白，因此，本节主要从"体医融合"的研究视角和"康复工程"的研究视角进行全面、深入的分析和探讨。

一、"体医融合"的研究视角

（一）"体医融合"的概念

"体医融合"的概念是基于"体医融合"的内涵和外延，把体育与医疗相融合，将体育训练和健康促进的方法手段与医疗服务、健康教育等有机结合，促进人的身心健康。从其内涵和外延看，不仅包括体育部门、医疗卫生机构以及其他部门之间的融合，而且包括体育与卫生、体育与教育等社会领域之间的融合。

"体医融合"是以医学为基础，以健康促进为核心，以健康管理为手段的一种新的整合医学模式，是现代医学模式从"生物医学模式"向"生物—心理—社会"医学模式转变的体现。"体医融合"主要是基于人体生理、心理和社会因素这三个方面，通过预防保健、疾病治疗和康复促进个体健康。

1. "体医融合"概念的提出

近年来，随着全民健身运动的广泛开展，"体医融合"逐渐引起人们的广泛关注。从全球范围来看，"体医融合"已经成为国际运动康复和健康产业发展的重要趋势。"体医融合"是健康中国的重要内涵，是促进全民健康和提高生活质量的重要手段，是实现"健康中国2030"战略目标的重要举措。

2016年10月，中国残联等五部门联合印发的《残疾人康复服务"十三五"实施方案》中进一步明确国家基本公共服务清单的内容，将残疾人健康管理与残疾人社区服务纳入其中。健康管理是指对人的健康状况、疾病危险因素进行全面监测、分析和评估，并提供健康咨询，对慢性病进行管理，并对慢性病危险因素进行控制和干预的过程。为促进体医工融合，《残疾人康复服务"十三五"实施方案》明确提出，"将残疾人康复纳入国民经济和社会发展规划、基本公共服务体系、脱贫攻坚等专项规划，加大投入，完善康复服务体系和保障政策，建立政府主导、部门协作、社会参与的工作机制，实行工作责任制，对有关部门承担的残疾人康复工作任务进行监督考核"；"加强国家级残疾人康复机构建设，充分发挥技术资源中心作用。省（区、市）、市（地、州、盟）普遍建立残疾人康复中心、听力语言康复中心、残疾人辅助器具中心，完善服务功能""制定残疾人基本康复服务目录，以残疾儿童、持证残疾人为重点，实施精准康复服务，确保残疾人人人享有基本康复服务"。[1]这表明国家对"体医工融合"的高度重视，并对开展"体医工融合"提供了政策保障。

为更好促进医疗卫生与体育相融合，2016年，国家体育总局制定了《体育产业发展"十三五"规划》，规划中明确"医体结合"的发展方向，以及体育在健康保健中的核心作用[2]。

在党的十九大报告中，更是将残疾人公共服务提升至新的高度。报告中将发展残疾人事业与残疾康复服务作为未来国家在该领域施政方针的方向性指导。特别是在"健康中国2030"国家战略下，提出全方位、全周期、全人群的

---

[1] 百度百科.残疾人康复服务"十三五"实施方案[EB/OL].（2016-10-12）[2020-02-11]. https://baike.baidu.com/item/%E6%AE%8B%E7%96%BE%E4%BA%BA%E5%BA%B7%E5%A4%8D%E6%9C%8D%E5%8A%A1%E2%80%9C%E5%8D%81%E4%B8%89%E4%BA%94%E2%80%9D%E5%AE%9E%E6%96%BD%E6%96%B9%E6%A1%88/20441771?fr=ge_ala.2016-10-12.

[2] 国家体育总局.国家体育总局发布《体育产业发展"十三五"规划》[EB/OL].（2016-07-14）[2020-02-11]. https://www.gov.cn/xinwen/2016-07/14/content_5091040.htm.

健康服务，让疾病预防、疾病筛查、全民健康、社区赋能等关键词深入人心。"体医融合"成为大健康概念中的重要内容。

"医体结合"与"体医结合"是基本相同的概念，在实践中，两个概念经常混用。对于两者的区别，人们并没有一个明确的界定，一些学者在定义中使用了"医体结合"，并将其作为大健康概念中的重要内容进行研究。"体医结合"，即医生在诊断时主要通过了解病人的病史、进行体格检查和辅助检查来判断病人是否患有疾病；"体医融合"则是医生在为病人治疗疾病时，不仅要了解患者的身体情况，还要了解其心理和精神状态等因素，并且根据病人对体育活动的反应及兴趣和习惯、体质状况、生活方式等确定体育锻炼计划和运动项目。目前，国内外对于"体医融合"（或"体医结合"）概念的界定并不一致，但大多数学者都认同其是指医疗、体育两部门在健康领域进行的多向合作、双向交流。在"健康中国2030"国家战略的引领下，"医体结合"能够针对不同环境，依据不同人群或个体的身体机能差异，提出不同种类且有针对性的健康保健模式。针对慢性病人群，国家相关政策进一步提出依据慢性病人群患病特征，提出具有针对性的慢性病管理方案，使体育成为当前大健康概念中不可缺少的部分，"医体结合"成为大健康的核心内涵，而体育保健在"医体结合"中占据核心位置。因此，"医体结合"的概念及内涵逐渐得到人们的广泛关注。

从概念来说，"医体结合"是指：在医疗服务中融入体育保健的内容，综合运用体育保健与医学知识、技术手段与方法，为个体或人群提供运动干预、疾病预防、康复训练和健康促进等多种形式的服务。从内涵上来说，"医体结合"是将医疗健康服务和体育保健服务充分融合与协调。从发展趋势来说，"医体结合"可看作"'医''体'融合发展趋势下形成的一种新模式"。从作用主体来说，"医体结合"是指以医院、医疗机构为主体的医疗保健与体育保健的融合，或认为"医体结合"是以医院、医疗机构为主体，医疗保健服务和体育保健服务相结合的模式。从基本特征来说，"医体结合"强调以医院和医疗机构为主体，也强调体育保健与医院、医疗机构相结合；而"体医融合"则强调了医院、医疗机构与体育保健服务的融合。结合相较于融合，在程度上更弱，融合强调的是主体要素间的深度结合。由此可知，"医体结合"的深入发展会逐步衍生为"体医融合"，是医疗健康服务与体育保健服务的深入结合。而在"体医融合"的概念提出后，学界对其内涵与外延进行了相关研究，包括"体医融合"的概念与内涵、体育保健服务与医疗健康服务的关系、体育保健服务对医疗健康服务的作用、"体医融合"的具体模式。

国外，以日本为代表的"医体结合"以保健服务为主，有体育保健学专业。以美国为代表的"医体结合"是体育保健服务与医疗健康服务的充分结合，是将医疗健康服务融入体育保健服务的一种新模式，有运动医学专业。与国外"医体结合"模式不同，我国目前开展的"医体结合"模式主要是在现有的医疗卫生服务体系下，建立完善的体育保健服务体系，并将两者充分结合起来，从而满足群众日益增长的健康需求。

2. "体医融合"概念的多维视角

对于"体医融合"的内涵与外延，目前并没有形成统一的观点，学者从不同研究视角对其概念进行了阐释。

一是从体育保健的视角对"体医融合"的内涵进行阐释，认为"体医融合"是以"医"和"体"为两个主体，以"医"的专业优势、"体"的健身需求为导向，在医疗卫生服务体系下，体育保健服务与医疗卫生服务相互协作、共同发展；在体育保健服务体系下，进一步保进医疗卫生服务的发展，从而共同提供满足人们健康需求的多元化、多层次、全方位服务。

张剑威等从体育保健作为健康管理的有效途径、体育保健的功能性定位以及与医疗健康服务的互补性视角对"体医融合"的内涵与外延进行阐述[1]。研究指出体育保健作为一种医疗保健的方式，是提高健康水平的重要手段之一。在此基础上，进一步将"体医融合"定义为："以体育保健作为健康管理的有效途径，同时与医疗服务相结合，提升个人健康水平、提高医疗资源利用效率与促进医疗体系完善。"通过分析可以看出："体医融合"强调体育保健作为健康管理的有效途径；强调体育保健与医疗服务相结合；强调医疗服务和体育保健两个领域相结合，基于一定区域内群众身体状况及疾病特征，在疾病预防、康复训练等方面提出具体建议，进而提升群体健康水平。学者还从运动干预、体医结合、运动促进医学发展、体医融合等视角对"体医融合"进行解析，研究认为运动干预是在医疗服务基础上与体育运动相结合；体医结合是医疗服务与体育保健相互渗透，运动促进医学与体育运动相结合的产物；运动促进健康则是将体育运动作为健康干预手段。赵仙丽等从学科交叉的视角，对

---

[1] 张剑威，汤卫东. "体医结合"协同发展的时代意蕴、地方实践与推进思路[J]. 首都体育学院学报，2018，30（1）：73-77.

"体医融合"的内涵进行阐释,研究将这一概念拆解为健康管理、运动医学、体育保健、营养学、临床医学等理论与学科的交叉融合[1]。基于这些角度对"体医融合"进行分析,可以看出,"医体结合"强调体育保健作为健康管理的有效途径以及运动干预在疾病预防、康复训练等方面发挥重要作用,"体医融合"则强调运动促进医学的发展。

综上,"体医融合"是指在医学理论和实践中,体育与医疗机构、医疗技术交叉融合,在临床中强化体育锻炼对疾病的预防和治疗作用,在医疗中强化体育锻炼对疾病的预防和治疗作用,最终形成"运动—医学—卫生"的新型医疗模式。"体医融合"作为一种新型的"疾病管理"模式,是对传统医学模式的更新升级。"体医融合"将运动与医学、保健紧密结合,具有科学性、专业性、实效性特点,能够更好地促进患者的康复并能提高患者生活质量,更好地帮助人们预防和控制疾病,对提高医疗资源配置效率、提升全民健康水平具有重要的理论价值和现实意义。

二是从区域健康管理的视角对"体医融合"的内涵进行分析,研究将这一概念拆解为健康管理、运动医学、体育保健、营养学、临床医学等理论与学科的交叉融合。"体医融合"作为一个新的概念,学者们虽已对其内涵进行了初步探讨,但对这一概念进行全面、系统阐述的文献较少,特别是针对"体医融合"中所涉及的不同学科领域、不同医学流派和不同研究领域之间交叉融合的研究更是凤毛麟角。有学者从二者相互依存、相互影响的作用关系入手,对"体医融合"的内涵进行解析,研究认为"体医融合"是指医务人员和运动人员之间的关系,体现为两者在疾病预防和健康促进方面的融合,其目的是加强对个体人群的预防控制。通过分析医务人员与运动人员在医疗体育方面的融合模式,发现"体医融合"不仅能推动医疗卫生领域的改革,而且能促进体育事业的发展,有利于实现预防和治疗的有机结合,可以实现医疗与体育两大领域资源共享、优势互补。

随着《"健康中国2030"规划纲要》的出台,体育与医疗的融合已成为我国落实健康中国战略、推动健康产业发展的重要举措。"体医融合"是医疗卫生和体育事业改革发展的一种新模式,也是深化健康中国战略实施、打造健康中国"升级版"的重要途径。目前,我国在医疗卫生与体育领域的融合还处于

---

[1] 赵仙丽,李之俊,吴志坤.构建城市社区"体医结合"体育公共服务的创新模式[J].体育科研,2011,32(4):58-63.

初级阶段，发展不够成熟。如何让体育与医疗更好地结合，从医疗卫生和体育两个方面为人民群众提供更加全面、更有质量的健康服务是当前亟待探索的课题。"体医融合"作为一种新的医疗卫生和体育事业改革模式，以深化医疗卫生领域改革为前提，以提升体育服务能力为依托，以打造健康中国"升级版"为目标，坚持"政府引导、社会参与、市场运作"的原则，促进全民健身与医疗卫生事业协同发展。研究指出，"体医融合"是不同层级学科体系的融合，是学科体系间的相互影响、相互依存、相互渗透，以及学科理论体系间的相互包容[1]。对此，学者从"体医融合"的实践和研究现状、运动对人体健康的影响等方面对"体医融合"的内涵进行解读，研究认为"体医融合"是指医务人员与运动人员在疾病预防和健康促进方面相互合作、相互影响，并形成新的模式；"体医融合"是指体育与医学在理论上相互促进、在实践上相互转化，两者形成相辅相成、相互促进的良性互动关系。

三是从医疗体系、营养体系两个角度对体医融合的内涵进行解析，研究主要是从医务人员参与运动、体育活动与健康促进、运动医学与体育学等维度，对"体医融合"的内涵进行界定。立足于我国运动医学发展历史和现状，对"体医融合"这一概念进行剖析，认为"体医融合"是以健康为中心，通过运动来预防疾病、控制疾病和康复疾病。从医学出发对"体医融合"进行阐释，认为"体医融合"是指利用运动医学的理论与方法，促进健康问题的预防和治疗，运用运动医学的知识与技术，促进公众健康意识的提升和行为方式的转变，以运动促进健康为目标，充分发挥运动医学在疾病预防、控制、康复和健康促进方面的作用。

四是从"体医融合"实践的视角，对"体医融合"的内涵进行探讨。研究从"健康中国2030"国家战略出发，分析社区—医院的互动关系，以及医疗健康管理的具体内容，指出体育保健需要与社区管理相融合，实现健康管理、疾病预防、慢性病管理等相关模块的功能提升[2]。

此外，还有研究基于大健康实践落地的视角对"体医融合"的概念进行分析。当前，"体医融合"的概念及内涵研究已逐步走向理论与实践层面，然而

---

[1] 廖远朋，王煜，胡毓诗. 体医结合：建设"健康中国"的重要途径[J]. 成都体育学院学报，2017，43（1）：5.

[2] 宣海德. 我国城市社区体育中"体医结合"问题的研究[J]. 军事体育进修学院学报，2017，26（1）：106-108.

第一章　国内外理论研究的现状及分析

在实践中，"医体结合"主要应用于医院与体育部门之间，尤其是在社区医院和运动中心，但两者相互融合的程度不够深入。同时，"医体结合"强调学科间相互融合的视角研究不足，缺少学科间相互交叉、相互渗透的视角。"体医融合"更多体现在医院与体育部门之间的互动关系，没有从整体层面将二者结合起来，进而导致"医体结合"在我国实践应用中没有取得令人满意的成效。另外，从我国医疗健康服务与体育保健服务相结合的角度分析，体育保健服务仍停留在初级阶段。即仅停留在疾病预防、慢性病管理、疾病筛查等方面，未与医院其他服务相关联[1]。从国家层面来说，医疗健康服务和体育保健服务两者相辅相成、密不可分；从具体实践层面来说，体育保健服务与医疗卫生服务相互关联，没有突出体育保健自身的特点。因此有学者指出"体医融合"是以体育保健为核心，融合其他相关健康服务与医疗服务内容，在实践中应积极探索两者之间相互融合的途径与模式，在具体实施过程中要重点考虑将体育保健和医疗健康管理相结合，在进行健康教育时要强化社区与医院之间的互动。同时要明确"体医融合"应以促进人的全面发展为根本，以社会发展为依托[2]。由此可见，"体医融合"是建立在我国现实背景下的一种大健康实践落地的方式。

综上所述，"体医融合"是比"医体结合"更为深入的概念，无论从体育保健的功能性视角，还是从区域健康管理、医疗体系、营养体系、学科融合及大健康实践落地的视角，"体医融合"都体现在全方位、全周期、全人群的医疗健康管理服务中，体育保健与社区管理的融合，能够进一步强化社区在医疗健康服务中"守门人"的角色，在医疗卫生服务的项目之外，通过体育锻炼、体育处方等相关内容，与医疗卫生服务形成互补性发展[3-5]。"体医融合"是在健康管理实践中，在国家相关政策和大健康产业发展的推动下，逐渐形成的一种健康理念。在大健康产业快速发展的背景下，体育与医学的融合已经成为一种必然趋势。"体医融合"的关键是解决体育与医学之间存在的交叉、重

---

[1] 胡扬.构建"体医结合"联动管理机制促进科学健身[N].人民政协报，2014-4-5（B3）.

[2] 张鲲，扬丽娜，张嘉旭.健康中国："体医结合"至"体医融合"的模式刍探[J].福建体育科技，2017，36（6）：1-3.

[3] 梁丽珍.体医融合背景下社区医疗与体育健康产业协同发展模式研究[J].经济研究导刊，2017，（30）：54-55.

[4] 马云.体医融合模式与发展前景[R].北京：国家体育总局运动医学研究所，2018.

[5] 李璟圆，梁辰，高璨，等.体医融合的内涵与路径研究——以运动处方门诊为例[J].体育科学，2019，39（7）：23-32.

叠部分的问题，因此，构建以健康为中心、以"体医融合"为理念、以"医"与"体"相互促进为目的的新的"体医融合"模式，是解决当前中国大健康产业发展困境的重要路径。而构建"体医融合"的政策体系则是其重要内容，体育与医疗的融合、体育与医学的融合必须建立以健康为中心、以健康管理为手段、以"体医融合"为理念的新的"体医融合"政策体系。其中包括体育与健康服务体系建设，完善"体医融合"的政策体系和全民健身公共服务体系，加强全民健身场地设施建设，构建体育与卫生健康协同发展机制等。这样才能全面提升人民群众身体素质，提高医疗卫生服务水平。

3."体医融合"的意义

体育与医疗的融合是指在"健康中国"战略背景下，把健康作为体育发展的出发点和落脚点，通过提高人民群众的身体素质，提升全民健康水平，最终实现人民健康水平与社会经济水平、生态环境保护水平同步提升。体育与医疗的融合，既要避免体育与医疗相分离、各自发展，也要避免体育与医疗相冲突、相互制约，更要避免体育与医疗在相互交叉、重叠的部分上互相竞争，最终实现体育与医疗"1+1>2"的融合效应。"体医融合"模式的不断发展，将进一步提升全民健康水平，摒弃以往"诊疗病症"的传统理念，转变为"关注患者"这一新理念。以体育为突破口，对提高全民健康水平有重要意义。"体医融合"模式下，把体育保健与医疗卫生服务紧密结合，将运动医学、运动处方、康复医学等进行有机整合，实现"体医融合"发展，也将促进全民健康事业的发展。从长远来看，"体医融合"模式不断发展，将对体育事业和社会经济发展产生深远影响，同时也将进一步推动医疗卫生体制改革和医疗卫生服务模式转变，提高全民健康水平，使体育保健成为与医疗卫生服务同等重要的内容。

随着人民生活水平不断提高，全民健康水平不断提升，"体医融合"模式更加受大众青睐，越来越多的人将选择这一全新模式，接受体育保健和医疗保健相结合的新型健康服务，而不再单纯地选择医疗卫生服务。以体育为突破口，提升全民健康水平意义重大，从"治病"向"治病防病"转变，通过体育保健来预防、治疗、康复疾病。通过"体医融合"，实现体育保健与医疗卫生服务相结合，不仅可以避免传统医疗服务的局限性，而且可以有效提高全民健康水平，降低医疗卫生成本，同时还可以最大限度地发挥体育保健与医疗卫生服务的双重功能。"体医融合"模式的发展，将改变原有的医疗卫生服务模式，构建全新的、更为全面的医疗卫生服务模式，促使医疗卫生服务从被动向主动转变,从以疾病为中心向以健康为中心转变,从注重医疗卫生服务向注重健康促进和疾病预防转变。体育保健与医疗卫生服务有机结合,既能实现体育保健在疾病预防和治疗中的重要作用,又能较好地解决看病难问题。

从长远来看,"体医融合"模式的发展将会对全民健康水平的提高和体育事业和社会经济发展产生深远影响,让体育保健成为健康人群保持身体健康的主要手段,让体育保健成为患病人群除医疗卫生服务外的辅助康复手段,让特殊人群通过体育保健保持或恢复身体机能,有效降低医保支出,降低医疗卫生成本,缓解当前医疗卫生资源供给与医疗卫生服务需求间的尖锐矛盾[1]。对体育保健的研究,应首先将体育保健的相关知识和技能作为一项服务内容纳入国民教育体系中,使人们更多地了解并掌握相关的知识和技能,提高人们的体育保健意识,培养人们从事体育保健活动的兴趣,使体育保健成为人们生活中必不可少的内容。在此基础上,以健康人群为对象,开展体育保健服务,为患病人群提供辅助康复手段。并在老年人、在校学生、城镇和农村居民、特殊人群中开展体育保健服务。

在开展体育保健工作的过程中,除了要关注保健效果外,还应重视如何通过体育保健来提高人群的整体健康水平,以及如何将体育保健与医疗保健更好地结合起来。在国家相关政策的支持下,建立与国际接轨、具有中国特色的体育保健理论体系和服务模式,建立完善的体育保健服务系统,全面提高我国人民的健康水平,也是当前面临的紧迫任务。

(二)"体医融合"相关研究

在"健康中国2030"国家战略的引领下,"医体结合"能够针对不同环境,在不同人群中,依据群体或个体的身体机能差异,提出不同种类且有针对性的健康保健模式,加强"体医融合"是促进全民健康的重要手段。在国家政策的大力支持下,在群众体育需求的不断增长下,在医学的创新与发展中,"体医融合"作为一种新的健康管理模式,越来越被人们所重视,其对于促进全民健康、提高全民身体素质、加强医务人员对病人的康复指导等方面都具有重要作用。随着生活节奏的加快,人们的健康问题越发突出。而医学和体育在

---

[1] 任海,王凯珍,王渡,等.我国城市社区体育的概念、构成要素及组织特征:对我国城市社区体育的探讨之一[J].体育与科学,1998,19(2):12.

保持身体健康方面又有一定的共性，因此"体医融合"这一理念逐渐被人们所接受，并成为"健康中国"国家战略中重要的发展方向之一。但"体医融合"在我国还是一项新兴事业，其相关理论基础还不完善，尚未形成完整体系，因此需要我们不断探索和研究，逐步丰富"体医融合"理论体系，为未来发展夯实基础。伴随体育事业的蓬勃发展，体育与医学的结合逐渐成为一种新的趋势，体育与医学相互渗透，共同促进现代健康理论的不断创新和发展，实现两者共同促进健康、提升健康质量、预防疾病发生等目标，"体医融合"成为提高全民身体素质的重要途径，更成为促进我国体育事业发展的重要手段。

目前，国内外关于"体医融合"相关研究主要集中于基础理论、应用研究和机制研究三个方面，但在相关实践方面缺少针对性探索。现阶段关于"体医融合"的研究主要聚焦于理念、部门、技术、人才四个维度。

1. 理念融合

世界卫生组织指出，健康不仅是指人的身体没有疾病，而是指一个人身体、心理和社会适应的完好状态。身体健康是指人体处于功能正常的生理状态。其中，人体生理状态的良好状态，是指机体各器官系统的生理功能处于良好、稳定和协调状态，同时个体的适应能力、免疫能力等也处于良好和协调状态。而"体医融合"则是指将体育与医学相结合，积极开展预防疾病的康复治疗服务，以达到促进健康、提高生命质量之目的。对于"体医融合"这一概念的内涵和外延，不同学科有不同的理解和表述。

以往的相关研究指出，体育在维护人类健康中占核心地位，"生命在于运动"已成为全社会的普遍共识。但从现实来看，传统的体育活动难以满足人们对于健康生活的需求，与传统体育相配套的健康管理、运动医学、体育保健、营养、临床医学等相关学科建设也一直处于"单打独斗"的状态。以国民体质监测为例，由于缺乏专业的监测数据分析、专业的人才队伍、先进的设备设施及科学的理论方法，加之相关部门在工作中重视不够、投入不足等因素，致使监测结果不够准确客观。2012年实施《国民体质测定标准》后，国民体质监测工作才从"运动健康"正式升级为"国民体质"。该标准是我国第一个由国家层面统一管理的国民体质测定标准和操作规范。虽然我国在运动健康领域已经取得了一些成果，但从整体上看还是缺乏一套统一规范标准的健康管理方案。因此，实现"体医融合"还需从以下三方面加以推进：一是加强体育与医疗部门之间的沟通与协调，促进二者相互融合；二是医疗部门与体育部门应发挥各自优势，创新服务模式和内容，共同推进全民健康；三是要进一步完善以国民体质监测为基础的"体医融合"管理机制。在此过程中应当注意以下几点：一是体育与医疗部门应打破传统思维定式，从不同角度发现和解决问题；二是建立统一规范的健康管理制度及标准；三是体育与医疗部门应相互支持与配合，共同提高服务质量。

美国运动医学会（ACSM）推出"EIM"（Exercise is medicine，运动是良医）项目。该项目将运动科学与运动医学、医疗服务有效地结合在一起，从医疗服务的角度，制定运动处方，执行运动处方，并确保其与医疗服务之间相匹配，是一个较为完整的运动医学、康复医学和医疗服务的闭环体系。EIM项目是由ACSM、美国医学教育与科学促进协会（AIAPS）、美国国立卫生研究院（NIH）共同发起，是一个涉及全人群健康管理的系统性项目。EIM项目的核心是通过开具运动处方、指导科学锻炼的方式，辅助医疗卫生机构进行疾病诊疗康复，从而更好地提升患者的生存质量，为我国实现"健康中国2030"的宏伟目标提供借鉴。

首先，EIM项目针对普通人和慢性病患者提出了运动处方的制定建议。同时，针对各疾病的特点给出科学锻炼的具体建议，如冠心病患者以有氧运动为主，并配合药物治疗；肿瘤患者建议有氧运动与抗阻训练相结合，以提高机体的抗病能力；慢性病患者应依据病情和体能情况合理安排锻炼计划。此外，EIM项目还为患者提供常见运动损伤的预防与处理方法。

其次，EIM项目要求医疗机构和卫生保健人员在疾病诊疗康复全流程中，对患者的运动处方执行、科学锻炼给予有效的指导。这些指导可提高患者的生活质量，降低致残率。同时，EIM项目还要求在全流程中引入专业人士的体育保健指导，以便更好地配合医疗卫生机构进行疾病诊疗康复。

最后，EIM项目明确了运动处方、科学锻炼对疾病诊疗康复的辅助作用。依据患病人群及疾病诊疗康复全流程的相关信息，提出运动处方、科学锻炼对疾病诊疗康复的辅助作用，即通过专业人士的体育保健指导，运动处方设置，选择适当的器械与锻炼途径，与医疗卫生诊疗服务形成有效匹配，进而协助患病人群更好地进行健康管理、慢性病防护。具体内容包括以下两个方面。

（1）科学运动对慢性病的影响

通过运动疗法的干预，改善人体机能、降低慢性病患病风险、延缓慢性病进展、促进身体健康状态恢复、提高慢性病治疗效果等，是目前医学领域开展慢性病预防的重要理念。临床研究显示，合理运动对糖尿病患者血糖控制具有一定作用。运动疗法可以有效改善胰岛素抵抗和降低血糖水平，促进胰岛素分泌，从而减轻胰岛负担、降低血糖水平、延缓或控制糖尿病并发症的发生发展。目前主要通过对糖尿病患者实施运动疗法来改善患者血糖控制效果，以降低血糖，提高患者生活质量。

患有高血脂等心脑血管疾病的高危人群也可以通过运动疗法来降低心脑血管疾病的发病率。运动疗法可以改善慢性病患者营养状况、提高生活质量、降低跌倒风险，研究发现，有规律地进行有氧运动训练能够有效改善血脂代谢和糖脂代谢；对于高血糖患者而言，规律的运动训练有助于降低血糖水平、增强胰岛素敏感性和改善胰岛素抵抗。

（2）科学锻炼对疾病诊疗康复的作用

对健康人群而言，科学锻炼的作用主要体现在预防和降低慢性病患病风险方面，可有效起到防控作用。比如，肥胖人群经常进行有氧锻炼可以有效降低体脂率。对慢性病患者而言，科学锻炼能够有效地改善患者的心肺功能，提高患者对运动的耐受能力，并有效地减少患者患心血管疾病等危险因素、改善其生活质量；对慢性阻塞性肺疾病和哮喘患者而言，科学锻炼可以显著提高其呼吸肌的耐力和肺功能。

根据医生疾病诊断的相关体系，由体育专业指导人员和临床医生共同参与人群的医疗健康服务。从理念层面看，社区体育工作的开展需要以促进人的全面发展为目标，强调"以人为本"的理念，在体育与健康工作开展过程中注重促进人的全面发展，强调通过体育运动促进人的健康。社区体育工作的开展需要遵循"以人为本"的理念，构建以健康为导向的社区体育服务体系。对此，有学者认为，要把社区居民作为社区体育工作开展的主体，并将其作为社区体育工作开展的目标。也有学者认为，要以社区居民健康需求为导向，在体育与健康工作开展过程中，要以促进人的全面发展为目标，促进人的健康发展。还有学者认为，在社区体育工作开展过程中，要注重社区居民的参与意愿，这是社区体育工作开展的重要前提。在我国，由于历史原因，社区体育工作的开展过程中出现了重竞技体育、轻群众体育的现象，忽略了社区居民的参与意愿，不利于社区体育工作的开展。因此，我国学者提出了以人的健康为中心、以大众体质健康为目标的健康生活方式理念。该理念强调在体育与健康工作的开展过程中，要以人的健康为核心，以促进人的健康为目标，通过体育运动来改善人体体质，通过增强人们的体质来提高居民的健康水平，从而达到增强体质和预防疾病的目的。王正珍（2015）[1]、李红娟（2013）[2]、罗曦娟（2016）[3]等学者的相关研究旨在推进该理念的本土化，融合中国人群的体质特征，实现本土化发展。同时，结合目前社区体育工作开展的实际情况，社区体育工作需要借助"互联网+"等信息技术，通过构建线上线下一体化服务模式，建立以信息化为基础的体育健康管理服务平台，进一步满足社区居民的健康需求。从实施层面看，为了实现社区体育工作的可持续发展，要加大对社区体育工作的支持力度，以鼓励社区居民积极参与社区体育活动为导向，加大对社区居民健身的经费投入力度，逐步构建以政府为主导，社会力量参与为主体的多元共建共享机制。

在社区体育工作开展的过程中，还需要重视对社区居民健康素养的培养，引导社区居民树立健康的生活方式，形成自我健康管理的意识和习惯，进一步完善社区体育服务体系。随着居民生活水平的不断提高，居民健康意识不断增强，在社区体育工作开展过程中，如何满足社区居民的健康需求，进一步推动社区体育工作的可持续发展，是目前社区体育工作开展过程中需要重点考虑的问题。

"体医融合"体现在医疗卫生服务与体育保健是相互依存、相互影响的，并且不同层级学科体系间相互包容渗透。一方面，医疗卫生服务与体育保健虽然分属两个不同的学科领域，但两者在本质上是相通的，都是为保障人们的健康服务，这也说明"体医融合"是一个整体概念，而不是一个孤立存在的概念，应涵盖医疗卫生服务与体育保健两个层面。"体医融合"是一种基于医学与体育学科交叉渗透的新兴理论，对医疗卫生服务与体育保健之间的关系进行分析，认为二者的结合可以实现"医""体"两个领域在学科、理论、方法等方面的融合与交叉，从而提供更加全面的健康服务。研究指出"体医融合"是不同层级学科体系的融合，是医疗卫生服务与体育保健的相互影响、相互依存、相互渗透，以及学科理论体系间的相互包容。在推进体医融合的过程中，

---

[1] 王正珍，罗曦娟，王娟. 运动是良医：从理论到实践——第62届美国运动医学会年会综述[J]. 北京体育大学学报，2015，38（8）：42-57.

[2] 李红娟，王正珍，隋雪梅，等. 运动是良医：最好的循证实践[J]. 北京体育大学学报，2013，36（6）：43-48.

[3] 罗曦娟，张献博，徐峻华. 运动是良医应用实例：美国糖尿病预防项目及其应用[J]. 北京体育大学学报，2016，39（8）：59-73.

体育部门应建立合作机制，推动医、体、药等多学科交叉融合，促进学科建设和人才培养，逐步形成体医融合的人才培养体系、科技创新体系、理论研究体系、服务治理体系和产业发展体系。

《"健康中国2030"规划纲要》首次提出了"体医融合"的概念，指出"建立完善针对不同人群、不同环境、不同身体状况的运动处方库，推动形成体医结合的疾病管理与健康服务模式，发挥全民科学健身在健康促进、慢性病预防和康复等方面的积极作用"。[1]《中华人民共和国国民经济和社会发展第十四个五年规划和2035年远景目标纲要》提出"深入实施健康中国行动，完善国民健康促进政策，织牢国家公共卫生防护网，为人民提供全方位全生命期健康服务""提高基本公共服务均等化水平，创新公共服务提供方式，完善公共服务政策保障体系"。[2]2019年，国务院办公厅发布的《关于促进全民健身和体育消费推动体育产业高质量发展的意见》指出"推动体医融合发展"；"鼓励医院培养和引进运动康复师，开展运动促进健康指导，推动形成体医融合的疾病管理和健康服务模式。完善国民体质监测指标体系，将相关指标纳入居民健康体检推荐范围。为不同人群提供有针对性的运动健身方案或运动指导服务，推广科学健身，提升健身效果。加强针对老年群体的非医疗健康干预，普及健身知识，组织开展健身活动"。[3]"体医融合"的核心问题，即"医"与"体"如何对接，有研究指出，"医"与"体"的融合需要有相应平台进行对接。平台包括医院、社区、学校等公共卫生机构，以及体育、医疗、保险等多个专业领域。

另一方面，医疗卫生服务与体育保健的融合符合当前大健康理念的内涵与外延，通过医疗卫生服务为主、体育保健为辅，二者相互作用，实现人群健康管理的目标。具体来说，在医疗卫生服务方面，加强医疗卫生机构与体育健身场馆的合作，将医疗服务融入体育健身项目中，将体育项目融入医疗卫生服务

---

[1] 新华社. 中共中央 国务院印发《"健康中国2030"规划纲要》[EB/OL].（2016-10-25）[2023-11-07]. https://www.gov.cn/xinwen/2016/10/25/content_5124174.htm.

[2] 新华社. 中华人民共和国国民经济和社会发展第十四个五年规划和2035年远景目标纲要[EB/OL].（2021-03-13）[2023-11-07]. http://www.moe.gov.cn/jyb_xwfb/xw_zt/moe_357/2021/2021_zt01/yw/202103/t20210315_519738.html.

[3] 国务院. 国务院办公厅关于促进全民健身和体育消费推动体育产业高质量发展的意见[EB/OL].（2019-09-17）[2023-11-07]. https://www.gov.cn/zhengce/zhengceku/2019-09/17/content_5430555.htm.

体系中。在体育保健方面，发挥社会体育指导员作用，以体医结合、体卫融合为手段，推动健康管理发展。通过建立体育和卫生健康部门间的协调机制和资源共享机制。医疗卫生机构与体育健身场馆合作，在运动损伤防治、运动营养指导等方面，积极探索医疗卫生服务与体育保健融合发展。然而，在实施过程中发现，进行医疗卫生服务时，医疗卫生人员对体育保健不熟悉，而体育保健的专业人员，对临床诊疗康复的流程了解不够深入，使得在实践层面上，二者融合出现鸿沟[1]。对此，有关专家学者也指出，在"体医融合"中，体育保健与临床诊疗康复相结合，实现二者有效融合的关键在于相关主体的观念转变。体育保健与临床诊疗康复是推进健康中国建设中的重要组成部分，但当前二者结合程度较低，推进"体医融合"必须转变传统理念。目前，人们仍普遍认为高强度运动会伤害身体，体育保健只能起到辅助作用，运动锻炼并不能预防或治疗疾病。但从现代医学理论及实践经验来看，体育保健对提高身体素质、增强健康水平具有明显效果。如运动训练与营养补充相结合可以改变人们不良的生活方式及行为习惯，并有可能在一定程度上缓解或控制疾病的发生。

随着国家对全民健身运动的重视，体育保健工作作为康复医学的重要组成部分，其地位也日益重要。但目前国内相关法规政策对体育保健的功能及内容没有明确界定，体育保健服务的基本原则也未在国家相关法律中得以体现。而国外部分国家已有较为完善的法律法规及政策制度保障体系，例如，美国从联邦政府到州政府对体育保健都有较为完善的法律法规及政策支持体系。此外，体育保健的整体规划尚未形成，基层医疗机构的体育保健工作不规范、不主动，体育保健与临床诊疗康复相剥离，相互独立的现象依然存在。主要体现在以下几个方面。

一是基层医务人员在参与体育保健过程中缺乏相关的培训和指导、临床医疗与体育保健之间缺乏有效的沟通，导致无法为患者提供有效的健康干预方案。医学体育教育是指在医院、社区和家庭中，以培养医务人员自我保健意识和能力为目标，开展以促进健康为目的的体育运动。加之传统理念阻碍了人们对体育保健先进理念的了解。如高强度体育锻炼对身体有害无益等传统观念，使体育保健难以融入人群的诊疗康复过程，体育保健的功能难以发挥。

二是由于缺乏明确的法律依据，缺少相关法律法规的约束，体育保健的

---

[1] 郭建军，郑富强. 体医融合给体育和医疗带来的机遇与展望[J]. 慢性病学杂志，2017，18（10）：1071-1073.

立法工作尚未真正启动。在相关部门出台的政策法规中，对体育保健的规定较少，大多是原则上的规定，缺少可操作的实施细则。而且体育保健理论和实践研究的相关法律法规也比较匮乏，对于体育保健在法律上如何定位、如何运作等问题尚无明确规定，这都对体育保健的发展产生了一定的制约作用。

三是运动保健知识和体育保健相关专业人才匮乏，从事体育保健工作的专业人员技术水平不高、服务态度较差。运动保健知识丰富、运动康复技能熟练、有相关健身经验和技术的人员数量较少，无法满足当前人民群众日益增长的健身需求。

四是我国体育保健服务项目单一，以身体锻炼为主，缺乏综合性的体育保健项目。即使是在医院开展的"体医结合"运动干预治疗和康复也以运动锻炼为主，而较少涉及如体质测评、营养指导等内容。在一些公立医院里，虽然也有一些针对不同人群的康复、指导课程（如糖尿病患者的"健胃操"），但这些课程和体育锻炼内容结合不紧密、比较单一。而在社会上开展的体育保健服务也仅仅局限于开展体质测评和运动处方等方面，且多为低强度运动。

五是体育保健服务体系不完善。当前，我国还尚未建立完整的体育保健服务体系和规范的服务标准，政府也没有将体育保健纳入国家公共卫生体系当中来。尽管近些年制定了一些相关政策规定，但缺乏更高层次上的政策、法规对这一领域进行规范管理，缺少对体育保健工作进行指导和监督的管理机构。

六是群众体育组织缺失。"全民健身"是以提高国民身体素质为目标的群众性运动，长期以来，我国群众体育工作都是在体育部门的领导下开展的，且健身设施和组织基本上都是由政府主导建设的，与社会生活脱节，使群众体育工作失去了应有的活力和动力。

因此，立足新时代新要求，相关部门应根据国家政策法规及国外相关经验，尽快完善"体医融合"相关政策措施，高度重视体育保健理念的宣传与倡导，让更多的人关注这一先进理念。

2. 部门融合

"体医融合"的关键在于相关主体间的深度融合，对于体育保健的主体而言，应更多关注体育健身机构、社会体育指导员和社区居民等多个相关主体。在医疗卫生服务的主体中，则应进一步明确医务人员、康复治疗师、药师、心理咨询师等相关人员的定位。在"体医融合"中，医务人员和康复治疗师应发挥重要作用。可建立健康管理师制度，鼓励医务人员通过运动处方、营养处方等方式为体弱人群提供科学的身体锻炼指导，帮助体弱人群制订合理的运动计划和膳食安排，达到改善体质的目的。康复治疗师则可以通过提供康复评估、开具运动处方和康复治疗等方式帮助体弱人群恢复身体机能。政府部门也要加大"体医融合"相关政策的宣传力度，提高公众对"体医融合"的认识，促使大众群体自觉加入运动健身中，积极参加体育锻炼，不断提高自身体质水平，维护自身健康。

当前，体医领域中关于相关主体间深度融合的研究较多，但边界较为模糊。国外学者关于"体医融合"的研究主要集中在宏观层面，如国家、地区、州和城市，相关研究主要是以美国为例进行介绍分析。美国对"体医融合"的研究从政策角度入手，构建了具有战略意义的体育、医疗和康复政策框架。美国对"体医融合"的研究主要是基于医学角度开展的，而针对体育参与这一行为缺乏相关的政策规定与要求，但在具体实践中，美国各级政府、卫生部门和医疗机构也有不同程度的政策支持。美国将医疗机构划分为联邦医疗体系、州政府和地方政府三大部门，根据职能划分进行分工，卫生服务包括公共卫生、医务人员和社会保障等部门，社区医疗机构一般被称为"家庭医生"。针对社区居民的健康状况和体育健身需求，美国成立了相应的组织机构进行管理，并且形成了以社区为基础、家庭医生为核心的体育健身体系。

国内大多数学者以"体医融合"为指导思想，以慢性病、亚健康为中心，提出了构建"体医融合"的健康服务新模式的研究思路，结合我国当前社会老龄化的现状，提出实现"体医融合"的关键在于"建立健全法律法规，加强健康教育，构建融合体系""体育与卫生医疗部门应该从战略层面展开合作，在政策上加强沟通，在服务上加强对接""社会力量应与体育部门相互协调，实现'体医融合'，建立'体医融合'协同创新机制、建立'体医融合'产业联盟等"。但是跨主体间的协同融合在当前尚属于实践探索阶段，理论研究刚刚起步。而且，医疗与体育两部门在管理理念、工作机制、组织模式、运行机制、服务形式等方面存在诸多差异，这些差异在很大程度上限制了两个部门的深度融合。

当前伴随政府职能转变、社会经济结构调整和卫生行政管理体制改革不断深入，我国在建立跨组织结构化管理模式上也已取得显著成效，医疗服务逐渐向分业经营转向。这一方面促使医疗机构进行业务的分化和独立，另一方面也使不同部门之间的合作关系更加紧密。但是体育部门与医疗部门之间依然存在较大差异，这主要表现在体育部门与政府行政机构的关系上，这就要求体育与医疗两个部门必须明确各自的权责关系，避免出现越位、错位、缺位等现象。同时，在利益分配上也要明确界定政府和体育企业各自的利益。针对这一现状，本书提出：一是构建"医疗+体育"服务供给平台。平台包括医疗机构与体育机构之间、医疗机构与其他相关服务组织之间、医疗机构与政府相关部门之间，以及政府相关部门与社会各主体之间。对于不同主体间的融合，或跨部门的合作，合作动力、合作阻力、合作信任、利益分配等均是影响"体医融合"中主体间形成有效融合的关键内容[1]。"体医融合"主体间有效融合的关键内容，并不在于是否能在公共卫生服务、体育健身、疾病预防、康复保健等方面实现主体间的有效融合，而在于如何使公共卫生服务和体育健身更好地与群众的生活结合，从而实现"体医融合"中主体间的有效融合。

"体医融合"中不同主体之间的合作模式，是影响"体医融合"能否真正实现目标，甚至是能否成功的重要影响因素。基于此，在"体医融合"中不同主体间如何进行有效合作存在不同的模式。从当前"体医融合"中不同主体间的合作模式看，政府是影响"体医融合"有效开展并取得成效的主要因素。由于目前我国对于"体医融合"中相关机构或部门的职能界定不清，缺乏顶层设计，使政府部门在进行政策制定与制度设计时，难以根据自身职能发挥主导作用。因此，政府部门要充分发挥其引导、协调和服务等职能，在行政管理、市场统筹、技术开发等方面协同发力，共建多元主体协同开发体制机制。同时，强化组织协调，加大联合监管力度，积极营造规范有序、健康文明的市场环境，形成长效机制。

依托慢性疾病健康联盟、三甲医院、社区医院和社区健康健身指导中心的四方合作，创新健康服务供给，借助"大众创业、万众创新"的东风，向体育旅游及康养产业横纵拓展，达到体、医界技术、资源、话语权融合，对患者的体育锻炼进行科学、合理干预的目的，以此实现"体医融合"[2]。"体医融合"的最大益处就是让患者从被动治疗向主动康复转变。一方面，医生要为患者提供运动康复咨询，指导患者正确锻炼；另一方面，患者也要参与到医院的运动康复过程中来，改变以往传统的"医不体、体不医"的局面。社区医院作

---

[1] 彭国强，舒盛芳.美国运动健康促进服务体系及其对健康中国的启示[J].体育与科学，2016，37（5）：112-120.

[2] 马荣超，郭建军.体育健康服务业供给侧转型下"体医融合"路径研究[J].三明学院学报，2017，34（6）：95-100.

为开展体育旅游及康养项目的主要场所之一，与体医融合项目紧密结合。社区医院设置了健身指导室，配备了专业的运动处方及运动器材供居民免费使用；这里还可以提供家庭康复指导、心理咨询及疏导、康复评定等服务。而在"体医融合"项目开展后，居民通过咨询了解运动对自身健康的影响后，会选择适合自身情况的运动项目进行锻炼。"体医融合"是一种新兴的健康服务模式，能够有效解决目前"看病难、看病贵"这一难题，满足人们对健康生活的追求。同时也能够通过"体医融合"项目让更多人参与到体育运动中来，形成健康的生活方式。伴随大众生活水平的提高和对健康生活的日益追求，体育旅游和康养产业已成为经济新业态的一部分。

"体医融合"是一种新的理念、新的方法和新的思路，它既是现代医学与体育医学融合发展的成果，又是现代科学管理与中医传统文化有机结合的产物。它是体育与卫生两大系统之间双向渗透、互动交融、优势互补、互利互惠、共同提高所产生的结果。它是以预防为主、为目的，以治疗为辅、为手段，对人体健康实行全面、全程、持续维护和保障。

3. 技术融合

通过对国内外相关研究成果的梳理发现，对于"体医融合"中技术要素融合的研究，更多聚焦于技术对不同的重大慢性病诊疗康复过程的支持性作用。如对高血压患者的研究，更多侧重于技术对高血压患者日常生活活动能力的影响；对糖尿病患者的研究，更多集中在技术对日常生活活动能力的影响，如血糖控制水平、体重指数和血压等指标的影响；对高血脂患者的研究，更多关注技术对血脂水平、血脂代谢紊乱的影响。国内外研究大多关注心脑血管疾病在诊疗康复过程中，技术要素对疾病诊疗康复过程的支持。

但纵观目前研究成果，无论是针对慢性病管理过程中不同的技术要素，还是针对同一技术要素在不同慢性病管理过程中的作用效果，均缺乏较为统一和深入的研究成果。具体而言，国外的研究多为针对急性心脑血管疾病（如急性心梗）的干预措施，主要体现在改善心脏功能的相关措施上，如应用抗血小板药物、血管内超声等。而国内研究更多关注心脑血管疾病防治过程中的健康促进措施，如健康教育、体育锻炼、饮食管理等相关技术要素对心脑血管疾病患者及人群的影响，通过提高其生活质量、增强身体素质和降低心脑血管疾病发生率来实现"体医融合"。"体医融合"在实现医疗、体育、健康产业融合发展中，通过"医疗服务"和"体育锻炼"两个技术要素的融合，进一步推动了我国重大慢性病诊疗康复的发展，增强了人民群众的身体素质，改善了人民群众的生活质量。同时，"体医融合"还能更好地满足人民群众对美好生活的追求，不断完善并丰富全民健身服务体系，充分发挥"医"与"体"的优势互补作用，将"医"与"体"有机结合，切实推进我国全民健身事业的发展。

以心血管疾病为例，基于文献和专家咨询等方法，从技术要素融合角度出发，分析目前我国在心脑血管疾病防治中存在的问题和不足，为我国心脑血管疾病的预防及临床康复提供参考和建议。目前我国心脑血管疾病预防及临床康复中存在的问题，一是缺乏有效的干预手段；二是缺少合适的健康宣教内容；三是缺乏科学精准的健康管理模式；四是缺乏技术要素支撑。以高血压为例，通过文献检索发现国内有关高血压诊疗中，技术要素融合方面的研究文献相对较少，而高血压诊疗中技术要素融合方面的研究成果较多。主要包括利用信息技术改善慢性病患者健康状况；提高医务人员对高血压相关知识及并发症发生发展机制的认识水平；改善慢性病患者认知功能状态；通过社区康复提高患者生活质量。目前国内外对高血压诊疗中技术要素融合研究较为丰富，在临床诊疗中，技术要素融合的价值和作用已得到了广泛认可。综上所述，技术要素融合在"体医融合"中扮演着重要角色，通过技术要素融合能有效促进慢性病防治体系的构建。但目前我国关于技术要素融合在心脑血管疾病防治中应用的研究还不够充分和完善。

总之，国内外相关研究多从运动医学角度对"体医融合"进行探讨，但在运动医学领域内还存在运动医学与预防医学的研究交叉不足、与体育领域的融合研究较少等问题。此外，对于心血管疾病在诊疗康复过程中的技术要素融合研究相对较少，一方面可能与心血管疾病的发病特点有关，另一方面可能与心血管疾病在诊疗康复过程中涉及多个技术要素有关。

国内外学者在对心血管疾病、脑卒中等重大慢性疾病的研究中已经形成相应的共识，即患者的体育保健或在临床诊疗过程中的体力活动，能够有效地缓解心脑血管疾病对患者身体的伤害，降低患者的致残率与死亡率。针对这一现象，国外学者通过长期的实践与探索发现，体育保健中的各种运动能够有效地减轻患者的痛苦，达到预防和控制心脑血管疾病发生与发展的目的。在国内，体育保健已经取得了一定的成果。专家学者对冠心病患者的体育运动治疗与康复方法进行了探讨，认为冠心病患者在接受体育活动治疗后，身体活动量增加，对病情控制起到积极作用；通过体育锻炼能够降低冠心病患者的死亡率，建议通过多种体育锻炼手段来治疗冠心病患者。

据统计，我国心脑血管疾病发病呈年轻化趋势。研究指出，心脑血管疾病是多种因素相互作用而引起的慢性进行性疾病。由此，学者们开始尝试通过运动保健的方式来进行防治。通过将体育保健与医学保健相融合进行研究发现，体育保健对于预防心脑血管疾病有显著效果。在体育运动中对心血管病、脑血管病进行预防性干预也是国内外学者所关注的焦点。

通过对"体医融合"理论进行梳理发现，随着"健康中国2030"战略落地实施及医学科学水平的提高，我国对慢性病诊疗康复过程中的技术要素提出了新的观点和要求。体育保健项目对于重大慢性病防治能够起到积极作用，但由于诸多因素影响，我国对于这方面内容开展较为薄弱。如何利用我国现有医疗条件及资源提供最好的健康保健服务，是现阶段我国医疗卫生工作所面临的现实问题。国外的学者帕特里克（Patrick）通过对自然病史的不同阶段划分，在不同阶段辅助以体育保健干预，通过临床对照发现，体育保健干预能够达到医疗手段所不能企及的效果，建议将体育保健与诊疗过程相互融合，从而保证患者的临床康复效果。

国内学者对体育保健的研究主要集中在老年人群、亚健康人群两个方面，学者们从不同角度对体育保健进行了阐述。首先，从老年人群角度，我国逐步迈入老龄化社会，老年人口比例逐步上升，而老年人群是慢性疾病的高发人群。体育保健作为一种长期的治疗手段，是健康促进的重要组成部分，对于慢性疾病预防、治疗有积极作用。其次，从亚健康人群角度，通过对研究的梳理发现，体育保健对于亚健康人群同样有一定作用。学者们通过随机对照试验对亚健康人群进行体育保健干预实验，结果表明，体育保健干预可以有效降低慢性疾病患病风险。其中高血压患者干预前后血压变化与对照组相比，差异具有统计学意义（$P<0.05$）；糖尿病患者干预前后空腹血糖变化与对照组相比差异具有统计学意义（$P<0.05$）。

通过查阅文献我们发现：体育保健作为一种有效的辅助治疗手段能够显著改善慢性病患者的临床康复效果。随着医疗水平的提高和医疗手段的不断发展完善，人们逐渐认识到体育保健作为一种健康促进方式对慢性病预防有积极作用。但目前研究仍存在一定不足：一是由于缺乏高质量临床研究，对于体育保健作用效果及机制尚不明确；二是缺乏大量临床试验支持；三是目前国内外缺乏体育保健在慢性病防治中的作用评价标准。综上所述，我国体育保健与疾病防治现状不容乐观，未来需要结合我国国情，探索更加科学有效的研究方法和评价体系。

体育干预在康复治疗中有着不可替代的作用。研究进一步指出，体育保健并非仅限于临床诊疗的辅助，对于健康人群、亚健康人群预防疾病有显著效果。在医疗健康管理的同时，辅助体育保健项目能够达到事半功倍的效果。在"体育促进脑卒中后认知功能恢复"这项研究中，科研人员首先从运动干预开始，指导患者在30分钟内进行5项强度不同的有氧运动。经过1周的干预，患者脑卒中后认知功能均有显著改善，具体表现为运动后的平均认知功能评分提高了3分，最高改善幅度达到了9分。在接受一年的康复训练后，患者脑卒中后认知功能评分下降了1分。后续随访中，研究者发现，运动干预不仅能够有效提高脑卒中患者的认知功能，还能降低其运动时脑卒中相关的并发症发生率。

我国社会老龄化加剧，随着医疗卫生水平的提升、人均寿命的延长、国民健康意识的增强和可支配收入的增多，对体育保健服务提出了更高要求。目前，关于体育保健项目开发存在诸多问题：一是缺乏科学客观准确的评估方法，缺乏统一客观有效的评估手段和方法。例如，以往开展人群调查，缺乏系统性、针对性强、精确性高、易于实施和评价等特点。在亚健康人群、亚健康状态人群中开展体育保健项目时，很难准确评价其健康状况和潜在疾病风险。二是缺乏规范化的实施标准和程序。在开展体育保健项目时，往往只注重效果而忽视了效果评估的重要性。三是缺乏有效监管机制和评估机制。目前我国在开展体育保健项目时，缺少相关部门的指导和管理，在此过程中存在不少问题。比如，缺乏相关标准的检测方法和手段，专业人员对体育保健项目进行监督不足。学者们研究指出，如何使医疗卫生服务与体育保健辅助有效地衔接、互补，在连续型诊疗链条中，融入体育保健项目，强化与补充连续型诊疗康复链条，是当前"大健康"视角下，健康中国国家战略落地实施的核心内容[1]。其中，健康医疗与体育保健辅助在预防医学、康复医学和运动医学领域中都有涉及，包括运动处方集、运动处方及运动治疗、康复治疗等。

自20世纪50年代，我国开始开展健身气功活动。在之后的几十年中，健身气功活动在全国各地开展得如火如荼，广大群众从中受益。目前，随着民众对健身的需求日益提高，健身气功已经被列入国家级非物质文化遗产名录中，并受到国家法律法规的保护。健身气功是中华民族优秀传统文化之一，体现了中华传统文化中"天人合一"和"以人为本"的核心理念。同时，也体现了中

---

[1] 岳建军. 美国《国民体力活动计划》中体育与卫生医疗业融合发展研究[J]. 体育科学，2017，37（4）：29-38.

华传统文化中"阴阳五行"和"天人合一"的核心理念。在全民健身中融入健身气功活动，对于广大群众提升健康水平具有重要意义。健身气功作为我国的传统项目之一，通过自身科学、安全、有效的锻炼方法和练习手段，增强人们身体素质和体质水平。我国的体育保健与健身气功有着悠久历史与深厚文化基础，通过科学地融合二者而形成一个新的研究领域。在健康医疗与体育保健融合方面，学者们也进行了一系列探索和研究。

随着科学技术的发展和全民健康观念的提升，"健康医疗"成为全球卫生领域中一种新的科学理念。健康医疗不仅包括疾病治疗，还包括疾病预防、心理咨询以及康复治疗等方面的内容。随着全生命周期健康理念和大健康理念的提出，人们越来越注重全生命周期、全方位健康管理。针对不同环境，在不同人群中，依据不同群体或个体的身体机能差异，提出不同种类且有针对性的健康保健模式，建立运动处方库，实现人性化、个性化的体育保健方案[1]。

在这个模式中，建立由体育保健专家和社会体育指导员组成的专家咨询系统，形成健康保健决策支持系统。利用电子计算机、通信网络、传感器和其他辅助设备，使信息在更大范围内得到共享，实现远程体育保健模式。利用这种远程体育保健模式，可以有效整合各种体育信息资源，包括体育活动场所的位置和信息、体育活动的组织、场地和器材等。这种模式有以下两个优点：一是整合利用各种健康保健资源，实现信息共享。由体育保健专家和社会体育指导员组成的专家咨询系统，可以使不同区域、不同层次的健康保健资源得到充分利用，使信息资源在更大范围内共享，以满足群众日益增长的体育需求，提高健康水平，促进健康发展。二是利用远程体育保健模式，为我国贫困地区群众提供健康保健服务。根据社会经济发展情况和地域特点，建立相应的健康保健信息平台，提高贫困地区群众的身体素质、健康水平、生活质量，推动贫困地区的可持续发展。

4. 人才融合

当前，医疗健康服务与体育保健服务的功能性定位不同。医疗健康服务是为患者提供疾病的诊断、治疗、康复等连续性的临床诊疗过程；而体育保健服务是为人群提供相应的体育锻炼支持、体育锻炼处方等，两者之间不是替代关

---

[1] 田小静，李亚英.体医结合视角下全民健身服务体系的建构[J].广州体育学院学报，2018，38（3）：58-61.

系，而是融合关系，相互促进、相互渗透。

体育健康促进要围绕疾病预防、健康教育和慢性病管理，发挥"防治结合"优势，对人们的身心健康进行全方位干预。医学研究和临床实践在预防保健、疾病诊疗与康复中发挥着重要作用。医疗与体育相结合，能够加强体育锻炼效果，促进人们身体素质提升，医院科室设置、医务人员的教育培训、健身场所和器械的配置等都应考虑到这一点。但是，目前国内医疗机构对体育保健服务认识不足，尚未形成科学合理的服务模式和运营机制，在医疗人员缺乏的情况下，无法满足体育健身人群的各类需求，而健身人群也缺少对医疗保健知识、基本技能以及相关设备器材的了解和认识，在两者交互融合中出现了一定程度上的断层。医疗机构可以充分发挥自身优势和特点，加强与社会力量合作交流，整合资源优势，如借助社区等基层医疗机构发挥自身优势进行科学运动指导，联合医院科室共同开展运动健康指导。而社会力量也可以充分发挥自身优势，积极参与到体育保健服务中来，对社会体育活动与医疗机构进行有效整合。这既能为社会提供专业高效、有针对性的健身服务，又能减轻医务人员工作负担。

近年来，随着国家对"健康中国"战略的重视和政策扶持力度不断加大，医疗与体育领域融合加深。但在二者交互融合过程中存在相应的壁垒，对于既懂得临床医学，又懂得体育保健方面的复合型人才需求的缺口较大，医疗人才与体育人才间的相互沟通不畅，难以形成有针对性的运动处方，更难以企及诊疗康复与体育保健的融合。所以，在医院科室设置、医务人员的教育培训、健身场所和器械的配置等方面都需要考虑到这一点，充分发挥"防治结合"优势，对人们的身心健康进行全方位干预，提升医疗与体育健康交互融合效益。因此，加强体育和医疗两个领域资源融合力度，提高医疗服务体系与健身服务体系资源利用率，对于提升体育健康水平至关重要。从宏观层面来看，可以根据我国医疗与体育健康的具体情况，充分利用社区、企业、学校等多方力量建立"健康促进管理服务中心""体育健康促进协会"等机构作为双方交互融合的桥梁。从微观层面来看，可以通过不同层次和形式的专业培训，定期组织医务人员进社区、进企业等方式，提升医疗健康服务人员的专业素质。与此同时，还要发挥社区、学校等基层单位在体育保健服务中的作用。要合理利用现有资源，对医疗机构和体育保健机构进行合理调整和完善，注重医疗健康服务与体育保健的互动交流。此外还可以通过将先进医疗设备与健身场所结合等方式开展互动活动，将医疗健康服务与体育保健进行有效整合。

医疗机构和社会力量在体育健康促进工作中有着各自不同的优势和特点,只有充分发挥双方优势和特点,才能最大化提高工作效率、降低成本投入、提升服务水平。在促进体育与医疗健康融合过程中,应注重提高服务质量、降低服务成本、强化资源整合。只有二者交互融合效率提高,才能为体育健康促进工作提供强有力的支持。

体育保健与临床医学的复合型人才缺失,是当前"体医融合"面临的人才困境,是二者难以有效融合的关键原因之一[1]。一方面,应注重对复合型人才的培养,如针对"体育教师"设置"体育健康教育""体育健康管理"等课程;另一方面,应建立相关制度以保证复合型人才的有效供给,如加快制定和完善《体育法》《健康促进法》《全民健身条例》《公共文化服务保障法》等相关政策法规体系,加强政策协调对接,加大对复合型人才的培养力度,协同制定相关人才发展政策和规划,明确"复合型"人才的综合培育、协调机制和保障措施等内容。

许多学者针对上述问题开展了较为系统的研究,并提出应对措施。从学科发展的视角,提出对标国家战略,制定康复医学发展规划,加强康复医学学科建设,促进以治病为中心向以健康为中心转变,聚焦高质量、精准化、特色化,培养服务国民健康、健身事业的专门人才。学生不仅需要从事临床工作,更需要懂得体育保健中的运动处方设计;对医学类院校、体育类院校进行学科融合,加强学科交叉,培育新兴专业。从社会需求角度,提出在竞技体育领域中,随着竞技体育水平的提高,参与竞技体育的人日益增多,在本科阶段可以开设运动康复专业等相关课程,为广大运动员、体育爱好者提供运动康复技术与技能培训。从职业发展角度,提出应加强运动医学、康复医学等运动技能训练和体能训练相结合的新专业。从职业资格证书制度的角度,认为我国当前在就业市场上对运动员、体育教师、教练、体育工作者等相关人员的运动资格证要求较低,而对运动康复师的职业资格证书的要求却相对较高,建议开展体育与教育、医疗等相关行业之间的跨学科研究,以形成更加系统完善的体育与健康学科体系。从学生培养角度,提出职业教育阶段在加强对学生专业基础知识与技能培养的同时,应该更加注重学生就业技能与素质培养。从高校师资队伍建设角度,提出要建立以学科带头人为中心的教师团队培养体系。

---

[1] 黄亚茹,梅涛,郭静. 医体结合,强化运动促进健康的指导——基于对美国运动促进健康指导服务平台的考察[J]. 中国体育科技,2015,51(6):3-9.

另外，还有从学科发展角度进行的研究，认为运动医学与康复医学是一门新兴的边缘学科专业，提出要加强学科融合发展与交叉发展。体育院校与医学院校需要增加运动医学和康复医学课程内容，以使学生能够更好地理解运动对健康的意义。从学科发展的导师来源上，指出需要体育类院校与医学类院校融合相关领域的专家学者，并从业界聘请有丰富临床经验的医生、体育教练等作为专业指导，完善学科建设中的复合型导师队伍建设。为促进学生毕业后更好地就业，体育院校需要在人才培养方案中对学生的就业去向进行优化，鼓励学生在校期间参加竞赛、训练和社会实践，积极进入体育相关产业进行实习等。这些举措不仅能推动体育教育教学改革，还能有效解决当前体育专业毕业生就业难的问题。

当前，我国体育专业学生的就业去向主要是中小学体育教师、体育产业相关企业、社区公共体育设施管理与维护等，这也是社会对体育专业人才需求的重要组成。有学者对体育专业的就业情况进行了数据分析，发现体育专业毕业生的就业单位以中小学和教育机构为主，就业岗位主要集中在基层学校、社区机构、各类教育机构和体育类培训机构等，为体育院校制订人才培养方案提供了有益启示。有学者提出将学科考评作为专业发展的监督机制，对导师队伍、学生培养、专业水平、学科发展等方面进行系统、科学的测评。

我国康复医学人才培养尚处于初级阶段，人才培养体系和评价体系尚不完善。通过构建学科考评，形成具有全国统一标准、统一考试的标准化人才测评机制，加强专业标准和管理标准制定，强化培训机构管理和专业师资队伍建设，从康复医学专业教育的源头着手，培养具有康复医学专业基础知识的学生。让医学生经过正规的临床实践，将理论知识应用于临床实践，形成独立的、完善的康复医学体系，从而能够独立制订患者的康复治疗方案、设计运动处方，并指导患者实施运动处方。通过测评完成资质认证和人才培养认证，在严进严出的考评体系下，形成具有高素质、高水平、高技能和专业性强的复合型人才队伍，能够独立进行临床工作，辅助患者临床诊疗康复环节，保证患者临床诊疗效果[1]。

国外对"体医融合"的实践探索进行了更为深入的研究。美国从2003年开始了"康复医学"本科教育项目，经过20多年的发展，该项目目前已经成为一

---

[1] 李积录. 高等医学院校体育教学的改革与创新——"体医结合"[J]. 医学与社会，2008（7）：61-62.

门独立的学科，拥有包括运动医学、康复医学等较为完备的课程体系，在"体医融合"方面积累了较为丰富的经验。美国在"康复医学"领域所取得的成绩，不仅得益于美国经济、教育等方面的实力，更与美国强大的体育文化及科研能力密切相关。2018年3月，欧洲开始对"体医融合"进行探索，以运动医学和康复医学为基础，涵盖了体育科学、体育人文社会学、社会体育学和体育经济学等多个学科。日本自20世纪90年代开始引入"体医融合"概念以来，始终将其作为未来社会发展的重要趋势之一。目前日本体育、卫生、医疗等领域均已经开展对"体医融合"的研究与实践。其他国家在"体医融合"方面所取得的成绩值得我国借鉴学习。

二、"康复工程"的研究视角

康复工程学的应用较为广泛，最为常见的应用领域就是假肢和矫形技术方面，电动假肢、智能假肢以及肌电假肢的开发可以提升患者对假肢的控制性。然而，我们需要的不仅仅是将运动科学、康复医学以及工程学结合起来，更需要把它们的优势结合起来。运动科学的进步将会促使人们更多地关注这些领域，推动这一学科的发展，因为它们是充满发展前景的领域。

目前，美国许多康复中心已经开始利用体育工程学、运动心理学和人机交互等技术来促进患者的康复，而我国在这一方面还存在很大差距，亟须相关研究机构与高校共同合作，深入研究体育工程和运动心理学的理论与实践。应增强体育工程和运动心理学之间的关联，将运动心理学、运动学以及康复医学等学科相结合，利用现代科学技术手段，让各种学科知识交叉融合。

在融合过程中需要注重不同学科之间的区别与联系。首先，不同学科之间存在很大差异。如医学与运动科学、运动心理学与其他学科、体育心理学和物理医学与健康教育、康复医学与其他学科之间均存在很多差异。其次，从运动心理学来看，体育与医疗具有一定关联。因为体育活动和医疗活动都涉及人的生理、心理以及社会功能等方面，体育中存在许多治疗方法以及保健措施，而医疗也与体育紧密关联。因此，我们应该从体育学科和医疗学科中获取相关知识和技术来为人类服务[1]。

---

[1] 刘宇飞. 体医融合背景下高校运动康复专业人才培养探究[J]. 哈尔滨体育学院学报，2018，36（4）：42-46.

目前，康复工程学在假肢方面的研究重点主要体现在仿生性以及提升患者舒适度方面。通过对患者的生物力学以及运动功能进行深入分析，康复工程设计团队可针对患者的康复需求，对假肢的结构、功能以及材料等方面进行优化与改进，提升其使用性能。另外，随着智能科技的发展，如何将生物工程技术与现代假肢设计相结合，使其在功能与舒适性上更加契合人体的使用需求，也是康复工程设计团队未来重要的研究方向之一。

当前，国际上比较著名的假肢公司都致力于通过生物工程技术来提升假肢舒适度。例如，通过计算机辅助设计系统进行设计工作，该系统会从患者的角度出发，综合考虑患者的运动能力、身体状况等因素，从而达到提高患者舒适度的目的。奥托博克假肢公司专门设计了一种可穿戴式假肢系统，这套系统主要是通过传感器来测量患者身体的各项参数及运动能力，然后根据测量数据来调节假肢所采用的材料和设计。国际上较为先进的假肢设计主要有三类：第一类是由美国开发的假肢系统；第二类是由日本和韩国研发的假肢系统；第三类则是由中国开发的相关假肢系统。相比之下，在仿生性、舒适性方面，我国的假肢系统还存在一定差距。另外，康复工程学也被应用在功能性电刺激方面，利用可控制电流的刺激来恢复人体机能，这项技术已经被广泛应用于呼吸、心跳、癫痫发作和帕金森震颤等相关治疗中[1]。如今，利用功能性电刺激已经可以使瘫痪的人重新站起来。康复工程学相关的技术和设备也已经被运用到体育中，如利用可调节的电流刺激，运动员能够恢复肌肉力量并让身体更好地适应运动情况，该技术可能会给体育带来重大变革。

现阶段康复工程学主要有以下研究视角：

一是康复工程学在假肢方面的应用。首先体现在利用计算机虚拟仿真技术、肌电信号检测和模式识别以及机器辅助运动技术等进行假肢的设计和开发。例如，瑞士NeuroRestore团队开发出一种先进系统，能够将植入式脊髓神经假体与康复机器人无缝结合，通过发出精确电脉冲来刺激肌肉，配合机器人的运动，在治疗过程中产生自然而有效的肌肉活动。其次，在康复工程技术方面还体现在假肢与肢体之间的结合以及假肢各个关节活动度的范围都要符合人体工程学的标准，包括假肢和关节之间的连接，以及假肢与肢体之间的运动控制等。此外，康复工程学还被应用于残疾人辅助训练，帮助残疾人进行肌肉和骨

---

[1] 陶科.《现代康复医学理论与实践》——现代康复医学中康复工程的作用及进展［J］.介入放射学杂志，2020，29（9）：966.

骼的协调运动,实现生活自理等功能。轮椅就是由这种康复工程学设计制造而成的。康复工程学也被应用于辅助残疾人进行康复训练,如借助医疗器械设备和模拟软件对残疾人进行康复训练,主要为上肢训练,如通过上肢握力测试、握力分析、上肢肌电信号检测等进行上肢康复训练,进行上肢力量测试以及上肢功能评估等。另外,在假肢和关节之间采用柔性连接也是一种比较好的方式,比较适合于膝关节和髋关节以及腰部等人体主要关节之间存在柔性连接的部位。这种柔性连接装置不仅可以增加患者和假肢之间的接触面积,而且可以提升患者关节活动的灵活度。此外,还可以使用康复工程学技术来制作功能性可穿戴产品,包括可穿戴式假肢、智能轮椅以及智能头盔等。尽管康复工程学已经取得了长足的发展,但仍然存在一些不足之处。第一,康复工程学还没有形成一套完善的学科理论体系,其理论基础还不够完善,在一些专业领域和应用领域还没有得到良好应用。第二,康复工程学领域还没有形成一套完整的学科体系,导致康复工程技术和康复工程学科的发展受到了一定的限制。第三,目前在康复工程技术和康复工程学领域还没有系统的人才培养体系。

二是康复工程学在康复医疗方面的应用。主要体现在利用康复医学理念和方法、康复工程学原理以及生物力学原理等为残疾人患者进行早期诊断,制订个体化运动处方以及训练计划,在一定程度上降低患者残疾率,提升残疾人患者的生活质量。同时,康复工程学也被应用于辅助生殖、假肢、矫形、器官移植等医学领域,生物医学领域,航空航天、船舶制造等领域当中。例如,通过神经调控来辅助生育,医学领域中大量生物材料的研究与应用。将康复工程学应用于医疗领域,还可以有效缓解患者的病情。如帮助患者改善慢性疼痛、精神疾病等系列问题,通过康复工程技术对患者身上的残缺或缺失的功能进行修复重建,使其能够正常使用,进而改善肢体功能,提高生活质量。

三是康复工程学在康复体育方面的应用。其主要体现在利用虚拟现实技术模拟残疾人的生理功能和运动能力,辅助残疾人进行康复训练。例如通过虚拟现实技术实现假肢的仿真训练以及进行假肢训练的实时监测和反馈等。此外,康复工程学的理论和方法,可以最大程度地帮助残疾人恢复功能,为残疾人创造一个与正常人一样的生活环境。当前,国内康复工程专业的人才培养和学科发展相对滞后,人才缺口较大,学科发展不平衡,未来将会出现多学科、多模式的人才培养体系。

四是康复工程学在运动医学中的应用。随着社会经济的发展,传统的医疗手段已无法满足残疾人日益增长的康复需求,现代医疗手段也已经很难支持患者在日常生活中需要的各项功能。因此，我们需要对医疗手段进行改革，在治疗过程中提供一定的运动能力作为补偿，而运动能力是由运动功能障碍程度、肌肉收缩功能等多种因素共同决定的。目前，传统意义上康复训练的手段和作用已难以满足现代社会对各种功能障碍的残疾患者进行日常生活活动能力评估的需求。在这种情况下，可以通过对人的自然生理结构和功能进行模拟和仿真，对人体运动能力、肌肉收缩功能等进行检测和评估，为残疾患者提供相应的康复训练手段和方法。如利用神经反馈技术、肌电信号检测技术以及生物反馈技术等，对运动神经功能进行动态监测，帮助残疾人进行康复训练；利用神经电生理技术对瘫痪患者进行步态训练等。此外，康复工程学的应用也为残疾人进行日常生活活动能力评估提供了重要的手段，例如通过对肢体运动功能和肌张力等进行检测判断残疾人的肌力和肌张力是否存在异常情况，从而为进一步的康复训练提供依据。

五是康复工程学在教育活动方面的应用。其主要体现在以康复工程学作为理论基础和指导思想对残疾人进行教育活动。通过开展残疾人教育活动使他们掌握相应基本技能、有关知识和技巧以及提高自身健康水平的知识等，达到提高残疾人生活能力、生活质量和促进残疾人全面发展的目的。开展教育活动时需要根据残疾人身心特点，制订相应教育方案。通过有计划地组织、引导残疾人参与各种体育活动，增强他们的体质。体育活动不仅可以让他们的身心得到放松，同时也能提升残疾人的认知水平，培养他们对体育活动的兴趣，增强他们参与活动的信心和决心。残疾人在参与各种体育活动中，能够陶冶情操、锻炼意志，通过参加各类体育活动能够树立自尊、自强、自爱的精神，培养不怕困难、战胜困难的勇气和能力，培养良好的心理素质，消除自卑、恐惧情绪和自闭心理，树立起对生活的信心。同时也能够提高与他人合作与交往的能力，培养团队精神，从而提高社会适应能力。

因此，在开展残疾人体育活动时，应制订相应的方案，有计划、有组织地开展活动。开展残疾人体育锻炼活动是促进残疾人身体健康的重要措施，引导和鼓励他们参加体育锻炼能够使他们增强体质，提高生活质量。此外，加强残疾人体育教师队伍建设，为推进残疾人体育事业发展提供重要保障。要提高残疾人体育教师队伍素质，必须采取多种措施。首先，加强对残疾人体育教学人员的培训力度，鼓励有经验的教师担任残疾人体育教学工作，使他们能够了解和掌握残疾预防、健身、康复等相关知识，提高对残疾人身体锻炼重要性的认识。其次，要不断改善教学条件，加强特殊教育学校和普通学校体育教师之间的交流和联系，不断提高他们的教学水平。

（一）康复工程相关概念研究

1. 康复工程的概念

国外对于康复工程的研究比较早。20世纪末，国外学者即将康复工程学中的一些研究成果和实践经验应用于患者康复中，并成立了专门的研究机构。例如，美国康复医疗领域的奠基者霍华德·拉斯克（Howard A. Rusk）曾指出："在治疗残疾人时，我们必须将生理和心理问题同社会环境、医疗条件、经济因素等进行整合分析，通过治疗、教育和职业培训来提高他们的生存能力和生活质量。"虽然美国的康复工程学起步较早，但是其医疗理念以及国家体制等方面存在较多的不足，导致康复工程在残疾人群体中的开展受到了一定限制。

进入21世纪，康复工程在我国尚处于初创阶段，我国政府相继出台了一些政策，对康复工程的发展起到了积极的促进作用。其中《中华人民共和国国民经济和社会发展第十二个五年规划纲要》中明确提出了加快康复医学发展，推动建立综合性、现代化、标准化、多功能的康复医学体系的要求。2016年《"健康中国2030"规划纲要》中也明确提出"发布体育健身活动指南，建立完善针对不同人群、不同环境、不同身体状况的运动处方库，推动形成体医结合的疾病管理与健康服务模式，发挥全民科学健身在健康促进、慢性病预防和康复等方面的积极作用""将残疾人康复纳入基本公共服务，实施精准康复，为城乡贫困残疾人、重度残疾人提供基本康复服务"。[1]

到2020年，建立覆盖城乡居民的中国特色基本医疗卫生制度，健康素养水平持续提高，健康服务体系完善高效，人人享有基本医疗卫生服务和基本体育健身服务，我国系列政策的相继出台和实施对康复工程的发展起到了积极的促进作用。然而，在实际执行过程中，很多医院对康复工程缺乏重视，对康复工程的相关概念认识不足，对其内涵与外延都没有深入了解，导致在康复工程开展过程中经常出现一些问题。首先，我国现有康复工程人才数量有限，从事临床和科研工作的人数不足5000人；其次，在实际工作中对康复工程理论知识与实践

---

[1] 国家医疗保障局.中共中央 国务院印发《"健康中国2030"规划纲要》[EB/OL].（2016-10-25）[2023-11-07］.http://www.nhsa.gov.cn/art/2016/10/25/art_104_6428.html.

操作的了解程度不高；最后，我国目前的相关法律法规并不完善。

作为专业学科，运动康复工程在我国的发展前景十分广阔。虽然运动康复工程在我国医疗机构中还处于起步阶段，相关学科、技术和人才培养严重不足，存在体医工三方合作程度低、基础研究不足、行业标准不统一等诸多障碍，但随着《"健康中国2030"规划纲要》的实施，我国医疗卫生事业与体育事业都进入了快速发展阶段。体育领域不断丰富，运动项目内容不断拓展，体育产品的创新和发展，竞技体育项目的"去职业化"转型推进等举措都表明，我国体育事业正从"竞技体育为中心"向"群众体育为中心"转变，其中的"体医工融合"互惠模式则是"体医工融合"发展的重要一环，在实现全民健身、健康中国战略的进程中，运动康复工程迎来了重要发展机遇。作为与老百姓生命健康相关的一项新产业，运动康复工程未来可期。

从长远来看，"体医工融合"将成为大趋势。融合技术、产品和服务，形成更高层次的系统集成是"体医工融合"发展的重点之一。目前，我国医疗机构已形成了"体医工融合"的合作模式，如在医院中设立运动康复工程科室等。一些医疗机构正积极推进"体医工融合"，致力于以医疗为基础，结合康复、体育及心理治疗等多学科，开展运动康复工程、健康管理与咨询等服务。医院将成为运动康复工程技术的重要输出端口，其优势在于能够利用医院的场地资源开展相关工作。据了解，国内目前已经有多家医疗机构设立运动康复工程科室，通过将体医融合理念引入传统康复模式、优化传统医疗流程等举措优化患者的诊疗体验，针对不同年龄、性别、体能和运动技能的患者，提供相应的产品、医疗器械与设备以恢复他们的身体机能，使其更适应其自身的生活和工作，改善患者的生活质量。建立医疗机构运动康复工程实验室有利于整合医院资源，改善患者的诊疗环境，让患者有更好的就医体验，也有利于吸引患者，提高患者治疗率。

基于这样的考虑，所谓康复工程，是对在医疗环境中使用的设备与器械进行设计、开发、生产和安装，使之更易于患者使用，并能有效地使其恢复功能，提高患者的生活能力和生活质量。康复工程可分为运动康复工程、医疗器械和医疗设施。运动康复工程是指利用训练器械或其他工具，通过设计、制造等方式增强患者肢体运动能力的工程技术；医疗器械主要包括外科手术设备、电动轮椅、家用医疗器械等；医疗设施则包括手术室、急救室、治疗室等。

2. 康复工程的发展演变

康复医学最初被称为"生物工程",是指利用生物技术和工程技术来改变人体功能结构的治疗手段。这一疗法为各种疾病的治疗和康复开辟了新途径,受到患者们的青睐。现代医学中的"康复"概念就是源于这一疗法。现在,将这种"康复"方法应用于人类和动物,已成为一种发展趋势。人们把这种"康复"方法运用到诸如语言、音乐、舞蹈、体育等各种文化领域中,使人类和动物能够愉悦身心、陶冶情操。后来这种方法又发展为将生理、心理治疗与运动、理疗和康复相结合的方法。随着康复技术的发展和国际交流的加深,康复医学和康复工程逐渐成为全世界各国人民都关心的问题,尤其是随着中国改革开放和加入世贸组织,中国与世界各国之间的交往日益频繁,中国康复医学与康复工程的发展也受到世界瞩目。

随着信息技术、计算机技术以及材料工程技术等高科技的发展,医疗设备开始向电子化、智能化、柔性化和可及性方向发展。计算机辅助医疗器械技术和信息技术在医疗领域中的应用不断扩大,我国从20世纪80年代开始广泛应用计算机辅助医疗器械技术辅助治疗,20世纪90年代起医疗卫生机构开始采用以计算机为基础的数字化辅助诊断系统。计算机在医学中的应用大大促进了康复医学、康复工程的发展,目前,我国已有数十家医院建立了自己的骨科手术机器人。利用电子计算机软件及三维数字化设计方法可以设计制造出具有运动补偿功能的各种机器人装置,如上肢假体、脊柱假体等。对患者进行治疗时,手术前、手术后和术后康复训练过程中都离不开康复器械。随着我国医学研究水平的提高以及经济实力的增强,国内开始出现生产和销售各类医疗器械和康复设备等的企业和各种康复机构。目前我国有大量康复器械生产企业,并有各类医院使用各种类型医疗器械进行各种康复治疗活动。到目前为止,中国已有超过200家康复医疗机构和20余万名康复工作者,还有大量的医院和企业正在加紧建设自己的康复医疗机构。康复医学、康复工程及相关产品正在全国范围内逐步普及,对我国医疗事业和国民经济产生了巨大影响。

近年来,我国在康复工程方面取得了较大发展,其主要标志是从单纯的医学康复向综合性、多学科康复转变,从以医疗为中心向以预防、保健为中心转变。目前我国已有近20个省份开展了康复医学教育,已经有1所高等学府将康复医学作为主要课程,一些高等院校也开始开设康复工程专业,每年有约100名本科新生进入康复系学习,使我国的康复工程人才培养体系逐步完善。随着科学技术的发展，特别是高科技的发展，医疗设备和康复工程在现代医学领域中的作用越来越突出，康复医学、康复工程已成为21世纪最具活力的新兴学科。中国康复医学、康复工程及其相关产品在国内市场上有着广阔的前景。康复医学和康复工程这类新兴学科虽然只有短短的20多年历史，但它对提高全民健康水平、减轻疾病给人民带来的痛苦、促进社会经济发展所起的重要作用是不容置疑的[1]。

在当前医工结合的大背景下，将康复学与工程学相关理论进行交叉，形成的康复工程学，是典型的交叉学科[2]。在康复工程学中，主要是将康复与工程、生物医学等学科进行交叉，在传统康复学的基础上，加入了工程技术的理念，形成新的学科发展方向。将工程学的理论运用到康复学中来，在促进康复医学发展的同时，也会丰富传统康复学的内容。在康复工程学中，主要是以工程学科为基础，以康复医学为指导，在充分考虑患者的实际需求的前提下，对患者进行科学系统的康复治疗，其以物理、作业、心理和运动等方面的康复治疗为主。

与传统的康复医学不同，康复工程学中包含了许多工程学的内容。在对患者进行科学系统的治疗时，需要在充分考虑患者个体差异的基础上，制订出针对性的治疗方案，促进患者身体机能恢复。工程技术中应用到的传统康复医学中的机械技术、材料技术以及其他工程技术等与传统康复学中所使用到的相关设备也有较大区别。在康复工程学中还包括了工程力学、人体工程学、机械设计和控制等内容。随着科技的发展与进步，机械技术与自动化技术都迅速发展，人们也越来越认识到将工程技术应用到康复学中所带来的便利。

在康复工程学发展过程中，随着时代环境的变化，患者身体功能恢复需求也有所变化。在传统康复学中，以恢复患者身体功能为主，对患者身体结构等进行全面分析；而在新时代，传统康复医学对身体结构等进行全面分析后，提出了新的理论与要求。当前，很多学者在康复工程中应用了相关工程技术理论和方法来治疗患者，这对传统康复医学来说是一种创新，也为其提供了更多方面的理论基础与发展方向。

从工程学的角度进行分析，康复治疗可以被看作一种"设计"活动。"设计"是指一种创造、发现新事物或问题的过程。在康复工程中，通常会对患者

---

[1] 胡天培.康复工程学[M].上海：上海科技出版社，1996.
[2] 金德闻，张济川.康复工程与生物机械学[M].北京：清华大学出版社，2011.

进行身体和心理上的干预和治疗，在治疗过程中也会通过人体工程学的设计，对患者进行身体和心理上的调节。以现代科技为支撑，运用工程技术来解决康复治疗中所遇到的各种问题。利用人体工程学帮助患者改善肢体功能、进行假肢设计、开发各种辅助器具等均属于康复工程学范畴的研究内容。在康复治疗过程中，运用工程学的研究成果来改善患者身体机能缺陷，是一种十分有效的方法。

从生物学角度分析，患者群体需要在生理上进一步恢复。临床上一般会根据不同患者的不同症状，将其划分为几种类型。其中一些患者属于假肢适应症，其能够适应肢体运动和生活自理等需求；另一些患者则属于截瘫等疾病型，自身没有完整的肌肉和骨骼组织，无法独自站立和行走。假肢适应症以及截瘫型患者在康复治疗过程中需要予以特殊服务和特殊辅助设备，才能更好地完成治疗任务。在这一方面，工程学的研究成果能够为其提供参考依据。科学技术的不断发展与进步也使工程学中的研究成果被运用于患者康复，尤其是针对残疾人群体运用工程系制造的辅助器具或器械，能够帮助残疾人群体恢复身体的机能，是残疾人群体医疗健康领域中极为重要的环节[1]。

通过康复工程学的研究，能够使患者在心理、生理以及功能方面得到全面恢复，提高患者的生活质量。另外，随着康复工程学在残疾人群体中应用越来越广泛，这一学科逐渐融入医疗康复和体育医疗当中，尤其是随着计算机仿真技术、生物反馈技术以及神经调控技术的发展与进步，康复工程学在残疾人群体中应用越来越广泛，为残疾人群体健康提供了科学有效的指导，在残疾人保健以及康复等方面发挥着重要的作用。

（二）康复工程在辅具方面的相关研究

党的十八届三中全会提出："要从多个角度、多个层面促进残疾人事业发展。"为了进一步加快残疾人事业的发展，需要将促进残疾人事业发展与康复医学紧密结合，建立健全残疾人康复服务体系，促进残疾人康复工作的科学化、规范化。

---

[1] 王珏.康复工程基础——辅助技术［M］.西安：西安交通大学出版社，2008.

1. 康复辅具事业的快速发展

康复是一个以预防为主，治疗为辅的综合性概念。残疾人可以通过辅具辅助进行功能锻炼，达到提高身体功能的目的。健康人群则可以通过辅具改善生活质量。

在国家政策引导下，康复辅具行业规模逐渐扩大，从2004年开始辅具行业年复合增长率达到12%以上。但由于国内对辅具的认识不足以及国家政策、产业环境等影响，我国辅具产业发展相对较慢。当前，随着人口老龄化加剧和社会福利政策的优化，我国康复医疗市场不断增长，数据显示：2021年我国康复医疗市场已突破千亿市场规模；2022年我国康复医疗市场规模进一步增长，达到1266亿元，较上年同比增长25.22%；预计2024年我国康复医疗市场规模达到1637亿元，较上年同比增长13.85%。虽然目前国内研制出了一些相关产品，但是总体水平仍较低。这样不仅导致大量资金浪费，而且不利于我国辅具行业自身水平的提高。例如我国生产的轮椅存在轮椅倾斜度较低、乘坐稳定性不高、辅助装置存在一定缺陷等问题。一方面，国内的研发人员和企业对国外的相关产品了解甚少，研发时参考资料有限，对于其中一些设计理念、参数指标、结构组成等并没有完全掌握。另一方面，我国在康复辅具研发领域缺少专业人才，对国外相关了解往往也只停留在产品上，导致国内的研发人员在产品开发时不但会借鉴国外相关产品的设计思路和产品结构，还会照搬国外研究机构设计出来的产品，致使设计出来的产品缺乏创新，间接造成我国成为世界上辅具生产大国而不是强国。因此，我国亟须培养一批专业设计人才，为我国康复辅具行业的发展提供人才保障和智力支持。

康复辅具是对身体功能障碍进行补偿、替代或修复最直接有效的手段之一，其受众主要包括身体部分机能丧失的残疾人群体，需要辅具以实现协助生活自理的残疾人群体，以及其他身体组织、器官功能异常的人群。辅具是通过各种科学技术手段，对人的身体或行动进行补偿或替代的产品，其对人的肢体、感知觉、智力等方面的障碍进行补偿，使其重新获得生活自理能力。国务院残疾人工作委员会制定的《中国残疾人事业"十二五"发展纲要》指出："十二五"期间将"完善康复服务网络，健全保障机制，加快康复专业人才培养，初步实现残疾人'人人享有康复服务'目标"；"全面开展社区康复服务；实施重点康复工程，帮助1300万残疾人得到不同程度的康复"；"构建辅助器具适配体系,组织供应500万件各类辅助器具,有需求的残疾人普遍适配基本型辅助器具"。[1]

2. 康复机器人的广泛应用

目前,康复机器人已经广泛应用到假肢、康复治疗等方面,如瑞士的Lokomat和Armoepower、美国的MIT-Manus、德国的LokoHelp、日本的HAL。近年来,国外康复机器人研究主要集中在智能人机交互和智能控制两个方向,特别是智能人机交互技术发展较快。我国康复机器人的研究也向临床辅助治疗领域延伸,目前已有不少医疗机器人进入临床应用阶段。

智能康复机器人未来的研究发展趋势:康复机器人作为智能医学和工程技术交叉融合的成果,未来必将进入一个人机融合、人机互促、协同作业的时代,以生物力学理论为基础,利用传感器、虚拟现实和人工智能技术,使机器人辅助患者恢复运动能力成为可能。在治疗过程中,需要将治疗师、患者及机器人三者有机结合,并建立一个有效的康复训练模型,提高患者的康复治疗效果。而康复机器人本身必须能够实现良好的人机交互和控制,同时保证患者的安全。目前,我国智能康复机器人的研究主要集中在康复训练中的人机交互和智能控制两个方面,而在智能人机交互和控制方面,如基于位置的力反馈、多传感器数据融合、人体生物力学模型以及相关的智能算法等方面尚需进一步深入研究。康复机器人未来发展的主要方向:未来,多模态交互作用将被更好地利用,康复机器人将更加智能化,并能与患者进行更有效的沟通,提供信息和建议,帮助患者重新掌握运动技能,还可以根据患者的需求提供个性化的康复训练。目前,在康复机器人的研发过程中,多传感器数据融合技术、人机交互和智能控制技术是关键,有望突破康复机器人的精准控制难题;同时,智能化、多模态化、个性化的智能康复机器人也将成为未来的研究热点。

此外,人体的运动控制与运动模型、人机协同运动控制、运动状态测量及康复评价方法等也已成为研究热点,相关技术包括人机共融的人体运动模型、动态人机耦合控制策略、人体运动状态测量和康复评价方法等,将有助于指导康复医学的研究与应用。人机协同运动控制内容是指为保证人机共同目标

---

[1] 国务院. 国务院批转中国残疾人事业"十二五"发展纲要通知[EB/OL].(2011-06-08)[2023-11-07]. https://www.gov.cn/jrzg/2011-06/08/content_1879697.htm.

的实现而制订的人机交互策略，如任务规划与分配、目标跟踪与修正、交互响应等。主要包含以下方面。第一，任务规划与分配：人机协同运动控制的核心在于人机协同运动控制系统的构建，其主要任务是根据任务需求对人机运动任务进行规划并分配。第二，目标跟踪与修正：在运动控制中，环境变化等因素导致人体运动状态改变，如人体出现疲劳、关节磨损等情况，需要对人与机的运动进行实时监测与修正，保证人、机的运动在一定范围内，以降低运动损伤和降低作业难度。第三，交互响应：在多人协作运动控制中，由于人体在复杂环境中的运动状态具有不确定性，需要根据任务需求、人体运动状态和外界环境变化等因素对任务进行实时调整，以保证人机协同运动控制的稳定性和安全性。此外，在运动控制中，人与机的交互也是重要环节，机器人可以实现对人的安全防护，但其缺少主动感知能力。通过人机交互，可以使机器实时感知、理解人的意图并及时作出反应，从而保证人机协作的安全性、稳定性和高效性。

机器人在康复工程中的应用是一个新兴科技领域，主要被用于假肢的设计、制造、检测和评估，它能够给病人提供最合适的辅助和帮助，提高假肢的利用率，同时还为医生和护理人员提供了一个安全可靠的工作环境。与传统的人工假肢相比，机器人假肢具有成本低、外形美观、可重复使用、寿命长等特点，适用于更多不同年龄阶段和不同需求的患者。一是智能康复机器人是一种集多种传感器于一体的，能够实现自我识别、自主学习、决策执行等功能的人工智能机器人系统。目前，智能康复机器人技术主要包括感知层、决策层以及执行层。通过多种传感器对患者状态进行检测，结合人工智能技术进行决策与规划，最后通过控制执行器实现目标运动。在临床应用中，智能康复机器人具有广泛的应用前景。二是仿生康复机器人是通过模仿人类身体和生物行为而设计制造出的一种具有仿生功能的机器系统。仿生康复机器人具有感知环境、接受刺激、协调动作、识别功能、模仿行为等能力，比人类更加灵活协调，目前在医疗保健和康复领域应用较为广泛。三是辅助运动机器人是一种能够感知、处理感官信息并执行动作的自动化设备，主要用于辅助或扩展人类的运动能力。它们可以面向老年人和重度残疾人，帮助他们在日常生活中完成各种任务，减轻体力负担。主要包括运动控制和自动控制两类技术：运动控制包括有无重力两种驱动方式；自动控制包括智能感知与决策、驱动与执行及反馈补偿等技术。近年来，辅助运动机器人发展迅速，并得到了广泛应用。

环境控制系统（Environment Control Unit，ECU）是帮助瘫痪患者利用尚存的活动能力控制周围环境的设施。ECU可将传感器探测到的环境参数（如温度、湿度、风速、光照强度）与预设的控制规则（如通过扬声器播放音乐）进行对比，从而执行相应的控制。目前，ECU已经广泛应用于医疗、养老、康复机构，为残疾人提供舒适的生活环境。如 ECU可以识别轮椅、拐杖和轮椅支持辅助装置，帮助瘫痪者自己独立完成穿脱衣服、如厕等活动，还可监测患者周围环境的温度、湿度，自动调节空调的温度，确保室内温度适宜和湿度适宜。

3. 康复工程与健康管理的交叉研究和应用

随着人口老龄化加剧，以及伤残人口数量增加，我国残疾人辅具市场需求量加大。康复工程技术在残疾人辅具领域发挥着重要作用。同时，随着科学技术的进步及人民生活水平的提高，我国残疾人辅具市场也呈现出多样化发展趋势，除传统轮椅外，还包括假肢、矫形器、拐杖、助行器、助听器等。其中助行器为辅助残疾人行走提供了新途径，目前市面上有电动助行器、手动助行器等多种类型。

伴随社会对辅具需求的不断增长，康复工程学作为一门交叉学科也不断发展。目前市场上以"互联网+"模式销售的辅助器具比较多，如智能手机（可穿戴式设备）类产品以及虚拟现实（Virtual Reality，VR）类产品等。康复工程学在残疾人辅助器具方面的应用较多，随着3D打印技术、VR技术及"互联网+"技术的不断发展和进步，康复工程学在残疾人生活及康复过程中将发挥更大的作用。"康复工程与健康管理"是一门新兴的交叉学科，从医学角度对康复工程学进行研究，运用现代信息技术和科学理念研究康复医学的临床需求和相关学科的前沿进展，探索新的康复医学技术、康复治疗方法、康复器械设备与产品、康复工程的管理模式。康复工程学是一门交叉学科，其涉及学科众多，因此对康复工程学的研究需要跨学科合作与交流。康复工程学在残疾人生活、学习、工作等方面都发挥着重要作用，尤其在残疾人康复过程中扮演着重要角色。

近年来，康复工程与健康管理的交叉研究和应用日益广泛，在残疾人的生活、学习、工作等方面都发挥着重要作用，在帮助残疾人实现其自身价值及社会价值方面具有重要意义，但仍存在很多问题和不足。因此，为了推动康复工程与健康管理领域的发展，加强康复工程与健康管理领域的合作与交流，提高康复工程技术水平，促进残疾人的全面发展，需要加强康复工程学相关领域的科学研究及学科交叉。在国家政策的大力支持下，康复工程学受到广泛关注，特别是在残疾人康复方面，随着我国经济的发展和人民生活水平的提高，对康复工程及健康管理提出了更高的要求，也给康复工程学的发展带来了新的机遇和挑战。因此，加强康复工程学的研究和交流，促进康复工程与健康管理领域的合作与交流，实现学科间的交叉融合，促进康复工程学在残疾人康复过程中更好地发挥作用，对于促进残疾人全面发展，实现人的全面发展具有重要意义。

4. 康复器械产业的发展与产品创制

我国康复器械产业发展迅速，已成为世界第二大康复器械生产国，在全球市场中具有一定影响力。但是，我国康复器械行业也存在一些问题。

（1）研发能力较弱

目前我国还没有形成具有自主知识产权的核心技术和创新设计，研究大多集中于技术引进与产品生产方面，缺乏自主研发能力和品牌影响力。由于中国的科技实力和创新能力仅处于世界中等水平，许多关键技术仍然受制于人。

（2）产品结构不合理

当前我国医疗康复器械发展滞后于医疗产业，产品同质化严重，以治疗疾病为主，很少考虑到患者的心理需求和身体健康状况。

（3）缺乏知识产权保护意识

许多企业不愿意投入大量资金和精力去申请专利，导致我国康复器械领域的知识产权保护意识比较薄弱，很多技术被国外企业窃取并以低价转让给其他国家。国外公司在产品生产、设计等方面具有更多的专利保护意识和经验，导致我国企业在技术创新方面存在一定困难。

（4）市场监管不健全

目前的法律法规中缺少对企业自主研发能力的鼓励和支持政策。

（5）康复器械行业缺乏统一标准及规范

如康复器械尺寸、材质等没有明确标准，给产品检测带来了一定难度；康复器械生产企业大多规模较小，研发资金不足等导致生产规模有限；企业研发投入少也限制了我国康复器械市场的良性发展和创新水平的提高，这将不利于我国自主创新技术的产业化与推广应用。

目前，康复辅具创新重点是加强康复辅助器具前沿技术研究和产品创制，发展康复辅助器具"新理论、新方法、新技术、新产品",旨在发展康复评估技术、康复干预技术、辅具适配技术,并在生活护理类辅具产品、功能代偿类产品、康复训练类辅具产品领域取得突破[1]。例如,在康复评估技术方面,基于人体运动模式的计算机辅助康复训练(Computerized Rehabilitation Training,CRT)的研究和应用已广泛开展。为残疾人开发了基于传感器的肌电信号分析和融合技术以及基于肌电信号和运动信息的步态识别与匹配算法。同时,也有研究利用3D打印技术对假肢进行个性化定制,从而能够最大限度地发挥其功能。随着科学技术的不断进步,康复辅助器具产品的更新换代将更加迅速,其功能性和实用性也将会越来越强。

5. 假肢的设计与制造

康复工程学是一门为残疾人康复服务的工程技术科学。随着康复工程学的不断发展与进步,在假肢设计与制造方面,保证残疾人群体与假肢的相互适应越发以人为本,考虑到动作的精准性、假肢的准确控制、假肢与残疾人身体的匹配性等,使截瘫患者重新站立的基本方法是自动力式步行器,或称活动矫形器、交替步态矫形器(Reciprocating Gait Othosis,RGO)。RGO的核心是可移动的假肢,由行走装置和控制装置组成。行走装置包括人体重心、支撑面、行走支架(即可移动的双足支架)和控制装置,用于产生行走动力,并驱动外骨骼肌力装置运动。控制装置包括动力机构(即可移动的双足支架)、动力传输机构和动力反馈机构等,用于提供动力和控制行走的运动。

自动力式步行器可以通过控制外骨骼肌力装置的运动,使截瘫患者重新站立起来。截瘫患者往往需要在康复医生的指导下接受系统训练。截瘫患者需要学习如何利用步行器和控制装置来改变步行模式。同时,随着运动医学、生理学与物理学等多学科领域研究不断深入,运动与康复医学专业知识得到了更广泛的应用。当前,我国有8500多万残疾人。"十四五"时期,由于人口老龄化加快等问题,残疾仍会多发高发。残疾人人数众多、特性突出,特别需要关心帮助,改善生活品质。如何有效提升残疾人群体生活质量成为我国面临的重要挑战。"体医融合"是解决这一问题最有效方法之一,在康复工程领域通过体育与医疗事业合作,推进"体医融合"已成为今后发展趋势。近年来,我国有关部门正积极推行"体医融合"相关政策法规和标准体系,推动社会体育与医

---

[1] 王珏. 康复工程基础——辅助技术 [M]. 西安:西安交通大学出版社,2008.

疗事业健康发展。

在对轮椅的相关研究中，涉及自驱动效率、推行阻力、机动性、稳定性及座椅位置、轮子直径及材料的影响。当涉及能量消耗时，如自驱动轮椅的相关研究中，能量消耗主要集中在自驱动系统中使用的能量、不同形式的能量消耗以及轮椅重量上，而对于推行阻力则相对较少。相关研究中所涉及的能耗与相应的运动需求间的关系尚不明确，这一点在今后的研究中需要重点关注。另外，相关研究中涉及的自驱动系统多为设计自由度较大且性能可调，但却缺少对该系统在复杂环境下运动能力的验证，这也是当前研究中存在的一处不足。

（三）康复工程人才培养相关研究

目前，我国已有部分高校开设了康复工程专业，但规模较小，在人才培养的质量和数量上还无法满足日益增长的康复工程人才需求。然而，"体医融合"模式下康复工程专业人才培养与体育事业发展有着重要的关联效应。因此，有必要提升"体医融合"促进体育事业发展的工作效率，以优化体医融合互惠模式。

1. 康复工程专业人才培养现状

人才培养是学科发展的重要因素之一。康复工程作为一门新兴学科，与康复医学、物理治疗、作业治疗等专业相比，涉及范围广、交叉多、综合性强，并且该学科的发展相对滞后于其他学科，人才培养存在较大困难，对该学科的发展十分不利。同时，康复工程专业也是一门交叉学科，涵盖了多个专业的内容，如康复医学、康复工程、物理治疗、心理治疗等，需要理论基础扎实、实践能力强的综合性人才来支撑。康复工程专业人才培养周期长，须学习的专业知识也比较复杂，对师资要求也非常高。此外，康复工程专业还是一门集康复工程、计算机科学、控制科学等多学科于一体的综合型学科，需要加强与其他相关学科的联合研究。该专业实践性非常强，学生需要具备较强的动手能力。例如，在进行物理治疗时，不仅需要对患者进行相关的康复训练，还需要设计出具有一定针对性的康复治疗方案。在进行作业治疗时，不仅要考虑患者的操作功能障碍程度，还要考虑作业环境、安全保护等因素。该专业人才培养需要从理论教学、实践实习等各个环节入手，因此，必须加强对学生的实践能力和动手能力的培养。此外，康复工程专业人才不仅需要掌握相关理论知识，还需要具备较强的动手能力和创新意识，提高综合素质。

随着我国康复事业的发展，社会对于康复人才的需求日益增长。在现有的医疗条件下，康复治疗师在医疗机构中承担着重要的角色。然而，我国目前具有康复治疗师资格证的人员并不多，且康复治疗师专业培养缺乏规范标准，导致行业整体水平不高，难以满足现实需求。康复工程专业人才培养还存在以下一些问题。

（1）课程设置及人才培养模式与社会需求脱节

康复工程专业人才培养目标定位不够准确，没有充分体现学科交叉的特点，课程设置没有根据市场需求和社会对康复工程人才的要求进行调整，主要为理论教学，实践教学不能满足实际需求；人才培养模式没有充分发挥市场和企业的作用，学生知识结构不够合理，创新意识、实践能力较弱，就业竞争力较差。

（2）学生实践能力薄弱

学校多以理论教学为主，实践教学环节不够丰富。学生在实训过程中基本都是死记硬背理论知识，对专业技能掌握不熟练，在实训中也大多以基本技能训练为主，而没有进行实际工作任务训练。

（3）教师教学水平有待提高

现有教师队伍中理论与实践能力均较强的人才不多，现有教师均是从学校原有的老教师中选拔，无法保证教学质量，教师专业知识结构还比较单一，缺乏实践经验。

（4）校企联合培养模式是主要途径

针对我国目前康复工程人才培养和社会对康复工程人才的需求状况，国内高校多采取与企业联合培养模式。主要途径是将学生送到企业进行实践训练或顶岗实习；建立校企合作关系，学校派出人员到企业进行生产实习和专业实践；聘请企业中的相关技术人员作为学校教师，到企业进行实际操作训练或专业实践。

因此，迫切需要加强重点院校、研究机构的合作，探索共建人才培养模式，培育康复工程专业技术人才来支撑康复事业的发展。

2. 康复工程学科的人才培养

（1）"医工融合"人才培养模式

随着"新医科"战略的提出，医学与工学交叉融合作为一种跨学科研究模式，已经成为高水平大学学科建设与培养具备实践能力、"医工融合"的高层次医学人才的重要切入点。"医工融合"的人才培养模式是在传统的医学人才培养过程中，通过学科交叉融合，以问题为导向，将医学、工学的知识与方法相结合，在探索医工交叉融合人才培养机制的过程中，形成具有独特优势的交叉学科人才培养模式。

目前，国内外高校已逐步将"医工融合"人才培养模式作为学科建设和专业发展的重要切入点，通过与工业部门和企业建立密切合作关系，积极开展"医工融合"的教学实践，提高学生的综合实践能力和创新能力。我国"医工融合"人才培养模式的探索和实践起步较晚，虽然部分高校已在"医工融合"的人才培养方面取得了一定进展，但缺乏对医工交叉融合的教学模式与实践体系的系统研究，尚未形成成熟的"医工融合"人才培养体系。近年来，部分高校逐步开展"医工融合"的人才培养模式探索，并取得了一些初步成果，但在医工交叉融合的教学实践体系、课程体系以及实践教学模式等方面，仍缺乏系统研究与创新，需要在理论和实践上进一步深化与拓展。"医工融合"的人才培养模式是我国医学教育改革与创新的重要组成部分，将会促进医学与工学教育有机结合，使医学与工学的知识和方法更好地融合，不断提高学生的综合素质和实践能力，培养适应社会需求的高层次医学人才。"医工学融合"人才培养模式的探索和创新，可以有效整合医学与工学教育资源，以问题为导向，促进医学知识和工程实践能力的有机结合，对于我国高等医学教育体系建设及人才培养模式的创新具有重要意义。2021年6月，教育部正式启动"新医科"建设工作，明确提出要提升高校医学教育与临床实践的结合能力。康复工程作为一门交叉学科，为构建"新医科"、发展"新医学"提供了新的发展契机。

（2）多学科交叉培养模式

目前，国外高校在康复工程学科的人才培养方面主要有以下几种模式：一是注重医疗设备、工程、设计一体化的教育模式；二是以临床实践为主的课程模式；三是以多学科交叉为主的培养模式。在上述三种培养模式中，教学与科研相结合、多学科交叉培养两种培养模式对提升人才培养质量起到了至关重要的作用。随着国内外研究学者对康复工程人才发展趋势和规律的不断探索，以及在"新医科"战略下我国高校医学教育改革持续深入，国外高校在康复工程专业领域取得的经验也逐渐成为国内学者关注的重点。

在康复工程人才教育方面，国外高校在教学中注重医学与工学的学科交叉与医工融合，能够有效促进学生实践能力和创新能力的提高。德国亚琛工业大学将传统的医学课程体系与工学知识体系融合为一体，课程结构涵盖了医学、工学、人文社会科学等多方面知识。瑞士巴塞尔大学康复工程系提出了以健康为中心的学科建设理念，将康复工程专业放在健康学科中，注重其在物理治疗和社会工作中的应用。

（3）复合型康复工程人才培养模式

康复工程人才培养的相关研究主要体现在四个方面。首先，从学科发展的角度来看，当前的医学类院校、体育类高校应该在有能力的条件下，开设康复工程等相关课程。学生不仅需要从事临床工作，更需要懂得相关辅助器械、器具设计。其次，从职业技能的角度来看，康复工程专业学生应该具备康复治疗师、康复工程技术人员等基本职业素养。再次，从就业的角度来看，当前康复工程专业的毕业生大多是从事临床工作，很少涉及辅助器械、器具设计等工作。最后，从职业素养的角度来看，康复工程专业学生应该具备良好的团队协作能力、沟通表达能力，以及能够根据患者具体情况，运用所学知识，设计出个性化康复设备与器具，以帮助患者更好地恢复功能。上述分析从不同的视角对康复工程人才培养模式进行了研究，但这些研究大多是在国家层面、医学院校层面或康复专业院校层面，从整个人才培养的视角进行探讨，而对高校层面和市场需求层面的研究则相对较少。

由于康复工程专业是一门新兴的、实践性很强的学科，在人才培养过程中，往往会面临诸如师资队伍、课程体系、实习实训基地建设等问题。所以，在人才培养模式上，需要对相关问题进行深入研究，设立专门的康复工程专业，培养与社会需求相适应的人才，这也是当前国内康复工程专业建设的一个发展方向。从康复工程教育改革的视角，要从注重基础理论教育、强化实践能力培养方面入手，进一步推动康复工程教育改革与发展；从高校功能定位的视角，当前要积极响应国家健康中国战略目标，在政策框架下积极探索具有中国特色、国际领先的康复工程专业人才培养模式。在当前"健康中国"背景下，为满足人民群众日益增长的健康服务需求，高校要加强复合型康复工程人才的培养，以社会发展、行业需求、学生就业为导向，以现代信息技术为支撑，构建多层次人才培养体系。

从学科发展的导师队伍建设来看，需要体育类院校、医学类院校与工程类专业或院校融合相关领域的专家学者，并从业界聘请有丰富临床经验的医生、体育教练、工程师，完善学科建设中的复合型导师队伍建设。从康复工程专业建设实践探索角度来看，在当前高等教育发展过程中，要充分认识到健康中国战略实施所带来的机遇和挑战，坚持人才培养的育人功能。当前康复工程专业建设要明确培养目标、优化培养方案、加强实践教学、深化课程改革以及提升质量标准；在教学组织管理方面，要转变传统的以教师为中心的教学模式，建立以学生为主体、教师为主导的教学模式。从专业特色定位、师资队伍建设、专业课程体系构建以及实践基地建设方面进行分析，强调康复工程人才培养要注重专业特色定位。康复工程专业应该具有康复医学和康复治疗两大特色专业；加强师资队伍建设中教学团队的构建；加强学科课程体系建设中体现对学生实践能力的培养；在实践基地建设上突出对学生应用能力的培养。在教学方法与手段上，指出康复工程教育要以学生为主体，充分调动学生学习的积极性；在课程体系设计中体现"实践导向"；在教学内容设计中关注技术应用；在教学方式方法上要注重以问题为导向。从课程体系建设和教学资源库建设方面，指出康复工程人才培养要将课程体系构建与数字化学习资源相结合。

将学科考评作为专业发展的监督机制，对导师队伍、学生培养、专业水平、学科发展等方面进行系统、科学的测评，推进我国高等教育内涵式发展。当然，评估结果是运用于激励与约束的重要依据，但不能作为决定高校办学定位和发展方向的唯一标准。对于学科而言，评价指标应以"培养什么样的人"为中心，而不是以"如何评价"为中心。最后，评估结果如果想要得到有效利用，必须建立一套科学有效的评价机制。在实施学科评估过程中，要突出对学科特色与优势的评价，将学科评估结果作为衡量高校办学定位和发展方向的重要依据，充分发挥学科评估在推动高校内涵式发展中的作用。通过对学科的整体评估，推动高校学科结构、课程体系等的调整，优化学科专业布局，促进人才培养质量的提高。通过对学科的分类评价，促进高校建立适合自身发展的特色化学科体系，从而提高人才培养的针对性。

我国高等教育改革的核心任务是从外延式增长向内涵式增长转变，实现高等教育的内涵式发展。推进高校内涵式发展，既是高等教育现代化的重要体现，也是实现教育现代化的基本途径。高等教育内涵式发展是一个复杂的系统工程，需要政府、社会、高校三方共同努力，构建多元主体参与的评估体系，强化评估结果的运用，真正发挥评估的激励、约束、引导和导向作用，推动高等教育内涵式发展。高校要把办学定位和发展方向作为核心任务，在"双一流"建设中，把立德树人作为根本方向，充分发挥教育评价对高等教育的导向、激励、诊断和改进功能，在推进高等教育内涵式发展中发挥引领作用，通过测评完成资质认证和人才培养认证，建成具有高素质、高水平、高技能和专业性强康复工程人才队伍。这些高素质人才能够独立设计辅助器械，在临床诊疗康复中，对相关辅助器械进行评估与使用，帮助相关人群恢复身体机能。从人才培养、资质认证、设备研发等方面，完成人才队伍建设和培养的目标，构建康复工程人才队伍和技术体系，提高康复工程技术人员的专业素质和服务能力。

同时，开展辅助器械使用能力培训与认证，协助医疗机构培养高水平的康复治疗师和物理治疗师。开展康复工程相关培训和考试，推动康复工程专业技术人员的职业发展，推动康复工程专业人才队伍建设。通过评估辅助器械的性能，制定辅助器械使用标准，为医疗机构、社区卫生服务机构和康复护理机构提供辅助器械使用的培训与指导。主要内容包括：辅助器械基本性能及评价方法、常见问题及解决方法、质量控制、临床应用、常见故障和处理方法。

通过康复工程技术人员职业培训与认证，提高康复工程技术人员的专业水平和服务能力。同时，开展康复工程相关培训与考试，推动康复工程专业人才队伍建设。

在培训认证方面，针对辅助器械使用能力开展培训与认证，协助医疗机构培养高水平的康复治疗师和物理治疗师。开展康复工程相关培训与考试，推动康复工程专业人才队伍建设。在人才培养模式方面，针对临床医学和康复工程两个专业的差异，有学者提出应从教学、科研、实践、创新能力培养和师资队伍建设等方面，对康复工程专业人才培养进行研究。针对康复工程专业硕士研究生的培养，需要将"医工融合"的发展理念与教育模式引入康复工程专业硕士研究生的培养当中，并从课程体系、实验实践环节和师资队伍建设等方面进行探索。同时，针对"医工融合"背景下康复工程人才的培养模式，建议应从培养目标、课程体系建设、实验实践环节和师资队伍建设等方面进行探索。对"医工融合"背景下康复工程专业人才培养模式进行探索，有学者认为康复工程专业人才应在"医工融合"的基础上，创新"工学+医学"培养模式，将知识结构、能力结构及职业素质结构进行有机结合；以"医工融合"的教育理念为指导思想，构建"三维三层次"的人才培养体系，形成"一体两翼"的课程体系。通过科研促进实践能力提升，建立产教融合平台，打造产学研相结合的多学科交叉实验平台，优化师资队伍。有学者从专业师资队伍建设、专业教学计划及课程设置、科研训练、实践教学等方面提出康复工程专业人才培养的建议。结合"医工融合"背景下康复医学工程专业硕士研究生的培养目标及存在问题，提出在"医工融合"背景下进行康复医学工程专业硕士研究生的教育模式创新与改革。虽然国内学者对康复工程专业的研究较多，但人才培养方面还缺乏系统性研究。

康复工程作为康复医学的重要分支，依托医学院、工学院校的相互合作，其研究项目是开展康复工程、医工交叉硕士研究生培养、高素质复合型创新人才培养的重要方式。近年来，随着医学与工程学科交叉融合发展，培养复合型创新人才成为提升我国康复医学专业工程研究水平的关键，为推进医学与工程学科交叉融合、培养高素质复合型创新人才提供了重要平台和支撑。

康复医学工程是康复医学与工程学的新兴交叉学科，主要研究内容包括康复医学与工程学理论基础、康复医学工程设计方法与实践、康复医学工程结构与材料设计、康复医学工程机械设计、智能机器人系统应用、医疗服务机器人等。而传统的培养模式以课程学习为主，侧重理论知识的传授，科研训练和实践能力的培养偏少。因此，缺乏具有国际视野、具备创新能力、面向应用需求的复合型创新人才，制约了我国康复医学工程研究水平的提升。同时，由于康复医学工程专业的研究对象是人体，科研人员在治疗中需要同时具备医学、工程学等多学科知识。由于康复医学工程研究成果需要转化为医疗产品，因而对科研人员的创新能力也提出了更高的要求。如何培养高素质复合型创新人才，成为康复医学工程专业急需解决的重要问题。医学与工程学是一个相互融合、交叉渗透的学科领域，要求康复医学工程专业的学生在学习专业知识的同时，具备较强的多学科交叉能力和创新意识。

目前，我国康复医学工程专业硕士研究生培养模式主要围绕"学科+专业"开展，由于缺乏与康复医学工程相关的科研项目，学生难以将专业知识和行业需求有机融合。因此，需要在新时代探索新的培养模式，围绕"医工融合康复工程创新人才培养"这一主题，开展多层次、多维度的科研训练、教学实践和社会服务。由于康复医学在国内起步较晚，相关教育研究较少，从目前康复医学工程专业硕士研究生培养情况来看，其主要是依托医学院校、工学院校的医工交叉项目进行。而医工交叉项目作为当前国际工程教育前沿的重要组成部分，其主要研究内容涉及医疗、信息、环境及健康等多个领域，不仅能培养学生的临床思维，而且能培养学生的工程创新能力。

而目前医工交叉项目参与培养的硕士研究生存在以下问题。一是多数项目由医学院校发起，工学院校参与，在研究过程中缺乏有效的沟通机制和成果转化机制。二是医工交叉项目研究过程中缺少教师与学生团队间的交流，存在一定的研究安全风险。三是医工交叉硕士研究生在学习过程中存在一定的学科壁垒，导致其科研视野不够开阔，从而影响其自主创新能力和科研成果转化能力。

在传统培养模式中，医学院校往往注重理论知识和临床实践技能等方面的训练，而对康复医学工程研究生学位课程设置、培养模式及实践教学环节重视不够。近年来，国内各高校相继进行医工交叉研究生培养模式探索与实践。如西南大学以培养医学类硕士研究生为主，整合康复医学工程相关学科的师资、科研平台及实验室等资源，为学生搭建多层次、多学科交叉平台；东南大学成立康复工程学院；南方医科大学通过建设交叉学科基地、组建跨学科研究团队、开设交叉课程等方式实现医工交叉。

通过明确医工交叉研究生培养的目标、强化导师团队建设、设立多学科交叉研究生课程、完善教学安排和见习计划、鼓励不同研究背景研究生相互交流等方式，培养研究生以康复医学临床问题为导向，拓展科研与研发思路，促进研发成果转化并应用于临床，培养能够胜任岗位的复合型康复工程研究人才[1]。以康复医学工程专业为例，该专业要求研究生具备较强的理论基础、专业知识与技能、临床思维与研究能力，如具备良好的外语水平、良好的沟通能力、较强的表达能力与文献检索能力，具备创新思维、多学科交叉研究与实践能力。通过多学科交叉教育，提升研究生对康复医学与工程技术的认知，强化学生的知识结构，加强学生创新思维能力培养，促进其掌握工程技术研究方法，强化对学科前沿的认知，以满足未来临床需求为导向，进行创新研发与应用。同时，通过多学科交叉教育，构建了以理论基础为核心，以专业知识与技能为重点，以实践能力为关键的人才培养体系，开阔了学生的研究视野，激发了学生的科研热情与创新精神，提高了研究生的综合素质与就业竞争力。多学科交叉培养既可以充分发挥各学科的优势，又能避免单一学科在发展过程中的局限性，可以拓宽学生的研究视野与知识面，提高学生的科研创新能力、科研实践能力与创业能力。通过开展多学科交叉培养，为学生提供了一个创新与实

---

[1] 杜青，喻洪流，李欣，等. 康复工程硕士研究生医工交叉创新培养模式探讨[J]. 华西医学，2020，35（5）：594-598.

践的平台，在拓展学生专业领域的同时，增强了学生的实践能力与创新意识，提高了学生的综合素质和就业竞争力，对我国康复医学与工程技术人才培养具有重要意义。

目前，我国康复医学与工程技术专业研究生的培养还存在培养模式不成熟、基础研究与工程实践衔接不足、课程设置不合理等问题，需要通过完善教学体系、优化课程设置、加强教师队伍建设等途径进行改进。通过让学生参与研究课题来开阔学生视野，提升其综合能力。鼓励学生多参加学术会议、论坛等交流活动，锻炼与不同领域专家的沟通交流能力，进而提高科研素养。鼓励研究生通过查阅文献、阅读外文书籍、与外国专家沟通等方式培养外语能力和阅读外文文献的能力。注重学生的实践与应用能力培养。鼓励学生利用理论知识结合实际工作开展项目研究，参与实际课题的设计和研究工作，增加实践经验，提高团队合作能力和创新意识。通过校内校外联合培养机制，积极为学生提供实习机会，安排学生参与社会实践或到医院进行见习等实践活动，将理论知识应用于实际工作中。依托国家重点研发计划、国家自然科学基金等项目，搭建校企合作平台。学校将联合企业共同承担国家重点研发计划"可穿戴智能技术及设备"重点专项、国家自然科学基金等项目。通过定期邀请行业专家来校开展讲座、实地调研等活动，让学生更好地了解行业需求和技术前沿，并为企业提供实践机会，引导学生在实际工作中发现问题、解决问题，推动学生知识结构从"封闭"到"开放"、从"静态"到"动态"的转化。

刘华[1]以及杨芳等[2]结合教学实践与国内外先进的教育发展理念，以培养临床工程方向应用型人才为中心，从人才培养目标、课程体系建设、实验实践环节和师资队伍建设等方面对生物医学工程专业人才培养模式进行了深入探索和实践，认为人才培养的关键有以下六个方面。

第一，明确人才培养目标，培养具有生物医学工程专业背景、掌握生物医学工程技术和相关知识、具有良好的沟通能力及创业精神和团队合作精神，并具有一定的组织管理和社会适应能力的工程应用型人才。

第二，优化课程体系构建生物医学工程专业的课程体系，应以生物医学工程专业核心课程为基础，不断完善实验实践环节和师资队伍建设，以培养理论

---

[1]刘华.生物医学工程专业应用型人才培养模式初探[J].大学教育，2013（22）：19-21.
[2]杨芳，杜守洪.生物医学工程专业应用型人才培养模式的探索与实践[J].中国医学教育技术，2018，32（2）：150-153.

基础扎实、动手能力和创新意识强、适应现代医学发展的应用型人才。

第三，完善实验实践环节，生物医学工程专业应注重实践教学，改革传统实验教学方法，实施创新实验教学模式。建立以"需求导向"为核心的多元化、多形式的实验教学体系，在科学研究中培养学生的实践能力。

第四，设置合理的课程体系，通过优化课程设置、拓宽知识面、增设专业选修课程等措施，为学生提供多样化的选择机会和发展空间。此外，建立和完善学生学习成果评价机制，充分发挥学生的主体地位，并注重学生创新思维与能力的培养，将其纳入学校教育质量评估体系。从而形成"宽口径、厚基础、强实践"的专业培养模式。

第五，强调实践环节以及加强实习基地建设，主要包括：加强实验室建设，提高实验室教学质量；注重学生的动手能力，开展课题研究、科技创新和学科竞赛活动等；积极开展第二课堂活动，鼓励学生参加学科竞赛和科技创新活动，培养学生的科研能力。加强实习基地建设，如学校应根据实际情况和需要，积极与各企事业单位建立长期合作关系，开展产学研合作办学，实现"资源共享、优势互补"。同时，鼓励学生在实习期间到各企事业单位进行锻炼，提高学生的实践能力。

第六，建设"双师型"师资队伍，通过外聘企业技术专家等多种途径，建立一支师德高尚、结构合理、素质优良的"双师型"师资队伍。"双师型"师资队伍要求教师们不仅要具备扎实的理论知识，还要具有较强的实践能力、工程应用能力和创新能力。通过对教师进行"双师型"培训，提高教师的业务水平和教学水平，培养出具有现代医学和工程技术双重背景的复合型人才。同时，通过加强校企合作，实现"引进来、走出去"，与企业签订长期合作协议，共同培养学生，以及改革创新教学模式，加强实践环节建设，充分利用现代信息技术，积极推行案例教学法、讨论教学法等方法，开展探究式、问题式等多种教学模式，培养学生的创新精神和实践能力。当前，体育教育与体育产业的融合已经成为发展的必然趋势，两者相互渗透、相互促进，推动了体育事业和产业的长远发展。

总体而言，随着我国教育事业的发展，对高校学生自身的专业知识储备提出了更高的要求。尤其是在专业课程学习方面，学生不仅要具备扎实的理论知识，还要能根据临床医疗工作对医学领域知识进行拓展学习与思考，使其更好地适应我国医疗事业发展的需求。

(四)"医工结合"相关研究

"医工结合"是将医学与工学进行结合的交叉学科。"医工结合"涉及医学、工学和信息科学等多个学科,具有学科交叉性和融合性,是跨学科交叉融合的产物。当前,我国医学与工学结合主要集中在生物医学工程领域。基于对具体医疗问题的需求,医学和工学结合的发展趋势逐渐明显,产生了康复工程学、医学图像处理、虚拟现实技术等,在医疗设备设计研发和医疗管理等方面发挥了重要作用。生物医学工程具有医学和工学高度融合的特点,康复工程学是其主要的分支,为医疗康复提供了先进的技术和工程学方法。现阶段"医工结合"的相关研究主要是:一是"医工结合"概念内容发展逐渐丰富;二是"医工结合"学科外延不断扩大;三是"医工结合"主要面临的问题[1]。

1. "医工结合"相关概念研究

医学工程是利用工程技术手段解决医学问题、促进医疗质量和服务水平提高、改善人体健康状况、保障患者生命安全和健康的科学技术。从狭义上来说,医学工程是以人为中心的医学领域中应用工程技术手段来解决相关科学问题的理论、方法和应用。"医工结合"是将临床应用与医工交叉相结合,是通过工程技术手段提高医疗服务水平,改善医疗质量,保障患者生命安全、健康。医学技术的发展需要其他学科的支撑,尤其是工程类学科的技术支持,这是现代医学未来发展的重要方向。"医工结合"作为一种新的发展理念,目前已得到医学界和工程界的广泛认可,并成为研究热点。"医工结合"的概念从字面上理解就是医学与工程学相结合,也就是将医学研究与工程技术研究紧密结合,以提高医疗技术水平为目的,利用工程技术成果解决医学问题的学科。目前,"医工结合"已经成为医学与工科相交叉的重要形式。

在医疗器械方面,"医工结合"主要是指将各种先进医疗技术和产品与工程设计相结合而发展起来的一种新的医疗器械类型。"医工结合"可以分为两类:一类是将工程技术应用于医疗器械领域中,如生物医用材料、医用诊断设备等;另一类是将工程技术应用于医疗器械领域中,如计算机辅助医疗设备、

---

[1] 王璐,马峥,许晓阳,等. 中国医工结合发展现状与对策研究报告(2019年版)[J]. 实用临床医药杂志,2019,23(5):1-6.

信息处理技术等。医学与工程学融合，能够将医学研究的边界进一步拓展，开拓至以往未涉及的领域。在医学和工程学研究的历史发展中，两个领域经常被交叉融合在一起，二者在学科上存在着密切的关系。但随着学科发展，医学和工程学各自领域的发展逐渐分化。

学科融合是指将具有不同知识结构和能力的专家组合成一个集体来从事研究、开发、应用、传播知识，解决问题的过程，其目的是提高生产力水平，实现科技向现实生产力转化。它既是一种研究方式，也是一种管理方式。

在医学与工程学融合发展的初级阶段，只有工程学领域专家与医学专家合作交流，开展研究活动，随着"医工结合"程度的加深，学科融合开始逐步渗透到社会生活领域中。社会生活领域中对学科融合的需求更加突出。医学与工程学融合发展到一定阶段后，更多的医学和工程学人员开始从事医疗服务活动，很多研究成果需要在临床医疗中得到检验、转化与应用。如生物医用材料与器件技术、人体组织器官移植、人体仿生工程学技术等，这些领域同时也是对医学研究需求最为迫切的领域。同时，近年来生物医学技术发展突飞猛进，产生了一些新技术，如基因工程、纳米技术、干细胞移植、微创介入治疗等，也迫切需要有相应知识结构和能力素质的医学及工程学专业人员来从事研究和开发。

从"医工结合"的内涵与外延来看，从广义上说，当前医疗的发展更为人性化，不仅体现在医疗在为人群进行医疗健康服务的基本属性，而且依据患者的个性化需要，开展个体化医疗发展的重要趋势。其中，将医学与工程技术紧密结合是实现个性化医疗的关键。在"医工结合"发展的初期，人们把工程技术应用于医学领域，其目标是制造出可以代替人的某些机能、具有某种特定用途的医疗设备，随着医学研究方法和手段的不断进步，"医工结合"已成为现代医学研究发展的趋势。对相关的康复辅助器械进行设计与研发，从关心人生的病向关注生病的人进行理念的转变，医学与工程学等相关技术理论的交叉与协同，医学发展的边界不断延伸。例如，在医学领域，根据患者不同病情的需要，用电子仪器、机械设备等手段对人体进行精确测量、定位和数据采集，以实现对人体各部位的功能控制与调控；又如，在医学领域，为辅助器官提供相应的"语言"信息，利用电子技术进行语音处理与合成，辅助听觉系统对声音信号进行识别、处理等；再如，为进一步提升诊疗效果、改善患者生活质量而开发出"虚拟人"系统与"仿生机器人"等。总之，医学与工程学等相关技术的交叉融合应用于医学领域的方方面面。

从狭义上来看，当前人工智能、新材料、可穿戴设备等相关技术产品，能够融入患者诊疗康复的全周期，为患者临床诊疗康复不同环节提供相应的辅助支持，成为患者临床诊疗康复的"新助手"。

一是强化人工智能技术与医疗康复的深度融合。人工智能是新一代信息技术中最为活跃和最具潜力的领域，在辅助诊疗、健康管理、康复治疗、养老服务等领域发挥着越来越重要的作用。近年来，人工智能与医疗健康的融合应用快速发展，一批具有代表性的产品相继上市。例如，在辅助诊断方面，基于图像识别、自然语言处理等人工智能技术，实现对疾病的自动检测、筛查和诊断。在康复治疗方面，人工智能机器人和可穿戴设备等技术产品，能够帮助康复治疗师完成日常生活中的精细运动训练、认知能力训练等任务。在辅助照护方面，智能养老机器人能够帮助老年人实现生活自理，具有自主进食和饮水、自主移动及睡眠监测等功能。在辅助治疗方面，智能康复机器人能够帮助偏瘫患者完成康复训练任务。

二是强化可穿戴设备在临床诊疗中的应用。随着可穿戴设备在临床上的广泛应用，智能可穿戴设备逐渐成为各大医疗机构和企业关注和研发的重点。当前智能可穿戴设备应用于临床诊疗的不同环节，能够为患者提供生命体征监测、健康管理、辅助治疗等服务。例如，在进行生命体征监测时，智能可穿戴设备可以监测患者的心率、呼吸、体温及血压等生命体征；在健康管理环节，智能可穿戴设备可以为患者提供血氧饱和度监测和健康管理建议；在辅助治疗环节，智能可穿戴设备可以为患者提供康复训练数据分析和治疗方案调整建议等服务。这也具体表现在药物开发、医用材料研发、医疗设备研发、智慧医疗四个方面[1]。

"医工结合"与现代医学的概念相结合，为传统医学与工程学之间的融合提供了一个新的视角。一方面，通过医学与工程学之间的相互交叉，将医学技术进一步融入现代科学技术之中，在为患者提供服务的过程中，促进了现代科技发展。另一方面，将工程技术引入医学之中，可以对医疗设备、辅助器械、手术方式等方面进行革新。在当前"医工结合"的背景下，无论是将生物医学技术应用于康复治疗中，还是将工程技术应用于临床诊疗与康复过程中，均可提高医疗服务的效率，这为现代"医工结合"背景下"医工融合"发展提供了

---

[1] 王璐，马峥，许晓阳，等. 中国医工结合发展现状与对策研究报告（2019年版）[J]. 实用临床医药杂志，2019，23（5）：1-6.

理论基础。医学与工程技术交叉融合具有创新性、复杂性、高技术性。传统医学模式下，医学发展仅依靠传统生物学科知识而构建，而现代生物技术、材料工程技术等高科技学科在医学领域中的广泛应用，使医学发展逐渐呈现出以生物医学工程为核心、材料科学为支柱的综合性学科特点。在此背景下，亟须通过交叉融合各学科知识体系来发现新问题、解决新问题，在新形势下保持医学与工程学领域研究水平的领先优势。

2."医工结合"学科外延相关研究

一般意义上讲，"医工结合"是指医学工程学科与医学科学之间交叉、渗透与融合，也就是医学工程领域中的很多科学理论、技术、方法都可以为医学研究提供新思路和新途径。医学影像学就是借助计算机断层扫描技术（CT）、磁共振成像技术（MRI）等设备采集人体影像信息，并对其进行分析，以诊断疾病的一门学科。"医工结合"学科在这种背景下应运而生。CT和MRI在诊断和治疗上起着非常重要的作用。临床医学就是医生利用各种技术诊断和治疗疾病的学科。目前来说，临床医学主要有两个方向，一是以手术为中心的微创外科手术（也叫手术微创），二是以药物为中心的保守治疗（也叫药物微创）。生物工程学就是研究与人体有关的物质或者细胞和生命现象和规律以及相关技术的学科。主要包括：生命科学与工程技术相结合产生生物信息工程；生物工程与电子信息技术相结合产生生物医学仪器；生物工程与计算机科学相结合产生现代医疗仪器、医学软件。

近年来，医药技术和互联网技术等信息技术快速发展，为生命科学和生物医学领域提供了全新的技术手段。医工结合学科是科技、信息、医学等学科相互融合、渗透而产生的一种新兴交叉学科，以医学与生物工程为研究对象，融合多学科知识进行研究。一方面，信息技术和人工智能技术在医学领域的不断深入应用，计算机科学已成为现代医学中不可缺少的一部分。目前，"医工结合"学科领域主要包括医工交互平台、医疗设备智能化、大数据分析平台、医疗大数据平台等。这些技术能够有效地对采集到的数据进行分析，获取临床价值，辅助临床诊断治疗决策。另一方面，信息技术及互联网技术应用于医学领域，生物医学工程、计算机科学与医学、电子与计算机工程等学科开始紧密结合。其中，医工交叉融合主要体现在现代生物技术和电子信息技术与医疗卫生服务相融合。在医学与新材料学科融合方面，由于新材料和微电子技术应用于临床医疗设备，使得医疗器械、药物和手术过程更加精确、方便和安全。此外，医学与工科类学科的交叉融合，如医学与计算机科学、医学与新材料、医学与物理学、医学与生物学等，均形成能够支持临床诊疗康复的交叉学科，这些学科的发展，必然会为现代医学的发展注入新的活力。从学科角度看，"医工结合"学科主要体现在医学和工科两大领域的交叉融合。具体体现为"医"和"工"两个领域的深度融合，一是医学与计算机科学、医学与新材料等交叉领域在医疗设备、药品研发、耗材制造等方面有较大应用；二是医学与物理学、医学与生物学等领域在临床诊疗、医疗数据采集方面有较多应用。

随着电子信息技术的发展，尤其是移动互联网技术的应用，"医工结合"学科在未来的发展前景十分广阔。从研究层面看，医学与计算机科学、医学与新材料等交叉领域在医药研发方面发挥重要作用，而医学与物理学、医学与生物学等则主要侧重于疾病的治疗和康复，主要应用于临床医疗的各个环节。就发展现状而言，医学与计算机科学的融合已成为世界各国"医工结合"学科发展的趋势。从发展前景角度来看，人工智能技术、大数据分析技术以及多学科交叉融合，是未来"医工结合"学科发展中面临的重要问题。人工智能技术在医疗领域的应用主要体现在辅助医生诊断、辅助医生决策上；大数据分析技术主要体现在疾病数据收集方面；多学科交叉融合主要体现在涉及多个学科领域（如生物医药、临床、计算机科学等）的基础研究和应用研究方面。从实际发展角度来看，"医工结合"学科的应用领域正在不断拓展。

例如，医学与计算机科学相融合而产生的临床决策支持系统、可穿戴设备等能够为患者疾病诊疗康复提供支持。医学与生物技术相融合而产生的分子级诊断、治疗等能够辅助患者完成疾病诊疗康复。医学与新材料技术相融合而产生的相关医疗器械、耗材等，应用于患者手术、康复等多个环节，辅助身体机能的恢复。医学与生物技术相融合而产生的分子级诊断、治疗等，能为重大慢性病的诊疗康复提供支持。医学与生物学相融合产生的分子级病理检验为重大慢性病的诊疗康复环节提供精准支持等，由此产生的分子级病理检验，为重大慢性病的诊疗康复环节提供精准支持等。在此过程中，我们需要注重"医工结合"学科的基础研究和应用研究的有机融合，并充分发挥现代科技的赋能作用，以促进"医工结合"学科的创新发展。由于学科的融合与交叉，进一步衍生出数字医学、再生医学、转化医学、灾难医学、微能量医学、生物医学等热点学科[1]。

---

[1] 王璐，马峥，许晓阳，等. 中国医工结合发展现状与对策研究报告（2019年版）[J]. 实用临床医药杂志，2019，23（5）：1-6.

这些学科的出现与发展，促使医学向更深层次发展，也不断推动着医学相关学科的快速发展，并为现代医学提供新的发展动能。

近年来，我国体育与医学相互融合，不仅体现在体育运动的竞技层面，还体现在医疗、运动康复、健康管理等多个方面。如"运动处方""运动康复"等概念都是由体育与医学交叉而来。如运动处方就是作为一种体育服务措施和运动技能培训手段，旨在针对特定人群的需求和体质健康状况制订具有针对性的个性化方案。该方案能够有效提高康复效果。运动康复作为医疗康复的补充手段，为临床治疗提供有效支持。

3. "医工结合"面临的问题

"医工结合"虽然是一个创新协同的完整过程，但由于医学与工学的相关元素错综复杂，在协同过程中难以避免出现相关问题。

一是医工结合过程中所涉及的多学科研究方法问题。目前，在医疗方面出现的医工结合主要以技术应用于医疗领域为出发点，这种方向主要是利用医疗技术与医学相结合来实现医学技术的发展，从根本上促进了医疗技术的进步。但是在医疗技术应用于医学领域时，由于涉及的学科知识过多，很容易导致"医工结合"过程中出现交叉问题。此外，医工结合仍存在着合作机制不健全、促进机理不清、效应有限的问题。例如，在目前进行临床治疗过程中所使用的治疗方法主要以传统为主、以及现代科学理论和新技术相结合，医工合作缺乏有效组织机构的保障和激励机制，促进学科建设及成果转化，对此我们有必要进行相关研究分析与讨论研究其实现机理和创新模式。

二是学科创新模式的发展，以及相关科研经费的支持[1]。随着社会的不断发展，对于体育与医学间的融合需求越来越高。而体育与医学间的协同创新则是解决该问题的一种有效手段，也是当前我国体育与医学融合发展的必然选择。在新时期，体育与医学的融合发展已经成为必然趋势，且在未来的发展过程中，其还会产生更多、更深层次的影响和变化，对我国健康事业的发展起到促进作用。对于"医工结合"学科来说，目前还存在政府支持缺少、资源浪费严重以及经费使用效率低等问题，亟须探讨"医工结合"学科发展中所面临的理念内涵、发展环境、设施建设、创新模式选择以及协同创新路径问题。

---

[1] 戴智华. 提升高校科技创新能力的学科交叉实证研究——以医工学科交叉为例[J]. 科技进步与对策，2011，28（21）：147-150.

学科交叉融合并非单一学科与另一学科间的融合。以医学为例，医学是一门多学科交叉融合的学科，其发展涉及物理学、化学、生物学、生物化学等多个学科领域，而非单一学科与另一学科间的交叉融合。因此，从技术上看，医学领域也存在两种不同类型的学科交叉融合。以计算机科学与生物技术为例，计算机科学的主要研究内容是基于数据进行数学建模，生物技术的研究内容则是基于数据进行生物结构构建；计算机科学主要关注软件层面，生物技术则关注硬件层面，二者相结合构成了当前医学领域两种不同类型的学科交叉融合。具体来看，医学与计算机科学的融合，构成的临床决策支持系统、可穿戴设备等能够为患者疾病诊疗康复提供支持；医学与生物技术的融合，由分子级诊断、治疗等构成的分子级诊断、治疗等，能够辅助患者疾病诊疗康复。以医工结合为例，以医学学科为主，需要与计算机、工程学、生物学、物理学、材料学等相关学科进行融合，形成一专多能的有利局面，而非一一对应的相关关系。研究表明，医工融合涉及多个学科，对学科间交叉融合的研究还处于初级阶段，目前关于医工融合的研究主要集中在医工融合的范围界定、特征、模式及其与学科发展之间的关系等方面，对于如何从顶层设计上促进医工融合的发展，还需深入研究。

"医工结合"是一个新兴的医学方向，是以医学为主体进行的交叉领域研究，或以生物技术、信息技术等交叉领域为基础进行的医学研究，或以信息技术、物理技术等交叉领域为基础进行的新研究领域。

经过多年的发展与积累，目前国内"医工融合"已经开始进入深度发展阶段，并呈现出多种交叉融合趋势。随着科技、经济一体化发展进程不断加快，学科交叉融合已经成为各国学科建设与科研发展的主流趋势。我国政府也开始大力鼓励多学科、多领域交叉融合，"医工融合"已经成为国内科研发展的新方向和科技创新的重要动力。"医工融合"虽然已被普遍认可，但是仍处于探索阶段，其在实施过程中受到诸多因素的影响，医学与工科、计算机与工程学等不同学科之间，能够实现真正意义上的跨领域、跨行业合作依然存在较大差距；部分"医工融合"研究仍未形成较为成熟的经验模式，"医工融合"学科发展途径、相关政策、学科建设及人才培养机制等问题尚未得到解决；科研项目缺乏经费支持，在研发过程中尚未产生市场盈利；研究成果与实际应用的脱节、与科研人员和企业协同创新缺乏相应的保障机制等问题，均需要在实践中不断解决。

综上所述，"体医工融合"在我国是一个全新的命题，本研究将"体医工融合"概念界定为：在"体医融合"研究的基础上，通过康复器具具有的辅助性能，把康复工程学的技术方法和相关人才应用到对残疾人的健康康复服务中，以体育学、医学、康复工程学为主体的复合干预模式是一种促进残疾人群体全面发展，提高生活质量的科学方法。

第二节 多元主体协同创新相关研究

一、多元协同治理概念

协同治理理论认为不同主体在互动中既存在相互依赖关系，又存在竞争冲突关系。不同主体之间可以通过对共同目标的追求来达成合作与共识，也可以通过相互竞争来获得更大利益。但无论是单一主体还是多主体，都可能在运行中发生冲突，产生摩擦，甚至矛盾和冲突。因此，在现代社会，政府与社会组织、市场之间的关系逐渐密切。从协同治理理论的角度来看，政府与市场、企业之间的关系是一种竞争关系，政府对市场、企业的控制可能导致市场、企业缺乏活力等问题。如果不能建立一种健康的竞争关系，政府就会面临越来越大的压力和挑战，只有在一个平等竞争的环境下，才能促进经济的发展，才能促进社会的发展。在新形势下，为了提高政府治理能力，发挥政府主导作用，各级政府都在积极转变职能，不断创新管理方式，提高管理水平和服务质量。这种转变主要体现在：政府从管理者向服务者转变，从执行向参与转变，从控制向协调转变。

美国学者约瑟夫·奈认为："多元协同治理是一种基于多个利益相关者之间共同利益最大化来做出决策、维持一个可持续发展环境的协调合作方式。"多元协同治理是以市场机制为基础，通过不同主体之间开展互动合作，达到资源优化配置和整合，社会整体效率提高，并实现可持续发展目标的一种管理模式。

多元协同治理有四种具体表现形式：一是共同或集体行为。不同主体共同参与某种活动，这类活动可被看作共同或集体行为，它是一个典型的协同过程。二是多个利益相关者之间的共享与协同。多个利益相关主体之间存在共同利益、共享资源，相互协调与相互制约，这类行为可被看作协同行为。三是具有相互依赖性的活动。多个主体之间存在相互依赖关系，这种依赖关系产生了协同作用。四是具有不同治理目的的活动。这类活动可被看作多元协同治理过程中不同利益相关者共同追求的目标。

多元协同治理的内涵来源于协同学的相关理论，其主要目的在于观察系统治理体系内不同主体间的协同作用一致程度，该定义强调了多元主体之间的有效沟通和协调。"协同"，一是指系统的有序性，即各部分在一种相对稳定状态下的相互作用，形成整体系统；二是指系统中各个组成部分之间的关系协调一致。多元协同治理强调了在多元主体共同参与治理的过程中，多元主体间相互协商与沟通。具体而言，一是指多个治理主体相互合作、共同治理；二是指政府、市场、社会等不同主体在政策制定实施过程中，需要遵循一定规则和程序进行自我管理。

"治理"一词源于拉丁文"gubernare"，原意为"共同管理"；该词由英文单词"governance"（合作）衍生而来。根据不同的标准，有不同的表达方式。美国社会学家帕森斯认为，治理是一种通过多元力量实现社会整合的过程。他认为，社会整合是通过对各种力量的有效协调和控制来实现的。英国学者拉塞尔认为，治理是通过建立一套系统规范和制度来管理社会事务的过程，也可以理解为是政府、市场、社会等多元主体之间互动合作的过程。他指出治理就是在政府与市场、社会之间建立一套规范和制度，从而使这些多元主体能够各司其职、协调有序地进行活动。

从多元治理的相关内涵来看，多元治理强调在现有的规制下，多元协同治理的主体间需要达到效用最大化。为实现效用最大化，多元主体间需要有效地进行协商、沟通。美国学者在其多学科交叉领域的研究中，将多元协同治理应用于残疾人健康的多元主体协同创新，认为多元协同治理能够实现多主体间的信息共享、优势互补与资源整合，进而有效提高残疾人健康水平。结合美国学者的相关研究，我国学者以我国现阶段残疾人健康的相关政策为基础，对多元协同治理在残疾人健康中的应用进行分析。通过分析，提出我国现阶段在促进"体医工融合"过程中需要强调各主体间的协同作用，形成合力。在此基础上提出，为促进残疾人健康可以通过建立健全政策法规体系、完善保障机制、构建多元化社会组织体系等方法实现多元治理模式。

多元治理理论是一种研究不同利益相关者之间合作、互动关系的理论，多元治理的主体在社会生活中以平等、公平、自由的原则开展合作，他们的参与能够促进各种利益相关者之间相互协调，有利于资源优化配置，为残疾人健康提供更全面的保障。我国在推进残疾人健康事业发展过程中，应当以多元治理理论作为指导，充分发挥政府、市场与社会在残疾人健康事业发展中的作用。

我国是一个人口大国，残疾人数量庞大。同时，我国人口老龄化趋势明显，越来越多的老年人成为慢性病患者或者残疾人。面对新形势下残疾预防、残疾康复、公共卫生等需求的变化，有必要建立健全基本公共卫生和医疗服务制度。在我国现有的残疾人健康政策体系下，残疾人医疗保障机制不健全。并且，残疾人对于公共卫生服务等公共产品的需求不断增加，但政府资源有限，供给不足与资源配置不合理问题并存。推进基本公共卫生服务和医疗服务均等化，保障残疾人基本健康权益，是新时代我国残疾人事业高质量发展的必然要求，是推进社会治理体系和治理能力现代化的重要内容，对促进残疾人全面发展具有重要意义。因此，全面推进残疾人事业高质量发展，必须在残疾人健康事业中引入多元治理理念，通过多元主体之间的合作与互动，共同实现残疾人健康事业发展。

在当前我国残疾人健康事业发展过程中，政府虽然起到主导作用，但由于残疾人健康领域涉及多个部门的职责分工、专业知识技能，需要不同部门、不同领域的共同合作与支持。政府要加强与其他相关主体的沟通合作，协调好各部门之间的关系，在推进残疾人健康事业发展过程中要以残疾人需求为导向，在保障制度设计、政策制定、监督管理等方面做到公平公正，充分调动各方参与的积极性，使得利益相关者都能够参与残疾人健康事业发展。同时，发挥市场在资源配置中的决定性作用，促进残疾人健康事业发展。企业也应该积极参与残疾人健康事业发展，发挥自身优势，通过科技创新、技术推广等方式促进残疾人健康事业发展。

"健康中国"战略是一项伟大的国家战略，也是一项系统工程。要将残疾人健康事业切实融入"健康中国"战略当中，坚持以人民为中心的发展思想，既要着眼于人民群众对健康的需求，又要着眼于人民群众对美好生活的追求，统筹好经济建设和卫生医疗事业建设之间的关系。在推进残疾人健康事业发展过程中，政府要充分发挥自身优势，以残疾人需求为导向，通过制定政策，将公共卫生资源配置到残疾人健康事业发展过程中来。同时，市场在资源配置中发挥着重要作用，在促进残疾人健康事业发展过程中，企业可发挥自身优势，通过科技创新、技术推广等方式促进残疾人健康事业发展。社会组织作为社会生活的重要组成部分，对推动残疾人健康事业的发展也起着积极作用。但由于当前我国社会组织数量较少、规模较小，难以满足残疾人健康事业发展需求，因此需要不断激发社会组织活力，构建多元化的社会组织体系，使其为残疾人健康事业发展提供更多的帮助和支持。

残疾人健康事业发展不是单纯由政府组织实施，而是需要社会各方面力量的参与和支持。政府应该积极鼓励和引导社会组织参与残疾人健康事业发展。一方面，社会组织可以通过资金、技术、人才等多种方式支持残疾人健康事业发展，尤其是在医疗机构、康复机构等方面，更是需要市场和社会力量的大力支持。另一方面，社会组织可以在服务残疾人过程中满足自身的需求和价值观念。在推进残疾人健康事业发展过程中，社会组织可以发挥自身优势，整合各类资源，为残疾人提供专业的医疗卫生服务、教育服务等。同时，社会组织也可以与残疾人进行交流和沟通，及时掌握残疾人的身体状况、心理健康状态等相关信息，并将这些信息反馈给政府部门和相关医疗卫生机构。

综上所述，促进残疾人健康事业发展是一项系统工程，既需要政府发挥主导作用，又需要市场和社会的积极参与，政府、市场、社会三方共同发力才能实现目标。"健康中国"战略是新时代我国卫生与健康事业发展的指导思想，也是广大人民群众的共同期盼，需要全社会的广泛参与。在"健康中国"战略指导下，借鉴协同学理论的思想与相关原理，为促进残疾人"体医工融合"协同创新发展提供新的思路与启发。在推进残疾人健康事业发展过程中，要充分发挥社会力量的重要作用，通过社会组织、企业等多种方式参与残疾人健康事业发展，发挥政府部门和市场、社会的作用，三者之间相互协调、相互配合、协同合作，形成合力，助力残疾人健康事业健康持续发展。

二、多元主体协同内涵研究

多元主体协同的基本内涵是多个主体通过协同的作用方式达成治理目标。协同治理的研究表明，多元治理的发展能够促进中国医院的发展。在多元治理体系下，医院不再是单枪匹马，而是与其他主体协同合作，形成了"多中心"共同参与的协同治理格局。我国医院与外部环境（政策、组织）等具有不同的属性，导致不同主体参与协同治理，但在目标上具有一致性。医院的治理是在与外部环境进行互动的过程中形成和发展的，与外部环境互动的过程影响了医院的治理行为，促使医院不断形成新的治理模式。因此，对不同医院所处环境的分析可以为协同治理提供依据和方向。医院是一种特殊的社会组织，不同于一般意义上的企业，其治理内容和范围具有独特性。由于在社会发展中的地位特殊，不同医院所处环境不同，发展模式不同，因此其治理机制也有所差异。

例如，公立医院的治理机制主要以政府主导为主，而在社会资本办医的新形势下，政府和社会资本合作共同治理医院成为新的趋势。

对于多中心协同治理模式的理论基础研究发现，我国医院多中心协同治理模式是在市场经济条件下逐步形成和发展的。随着我国医疗卫生制度改革和医药卫生体制改革的不断推进，以及医院自身发展的需要，我国医院协同治理模式在理论上有了进一步完善和创新，为我国医院协同治理提供了方向和依据。

对于多中心协同治理的主体研究发现，多元治理主体包括政府、医院、社会组织等。此外，在多中心协同治理研究中还发现，医院是多元治理主体之一，医院的公益性使其与其他多元治理主体之间存在内在矛盾。为了解决这些矛盾，需要发挥医院在协同治理中的作用。随着社会医疗需求的增加、医疗改革的深入，在"健康中国"战略的指引下，政府、医院及其他多元治理主体为满足群众就医需求，正在共同探索协同合作、资源共享、优势互补、协同共治的医疗卫生服务新模式。在多中心协同治理中，政府与医院都是主体之一。在我国，医院的主要功能是提供医疗卫生服务，此外还具有一定的社会公共职能。但医院具有较强的公益性，在当前的形势下，需要与其他主体协同治理。

首先，公立医院是公益性机构。在公立医院改革中，政府一直强调其公益性质，并指出公立医院必须坚持以人民健康为中心，为人民群众提供高质量、低价格的医疗卫生服务，不断提高人民群众对医疗卫生服务的获得感。其次，公立医院是实现"健康中国"战略的重要载体。当前，我国正处在经济社会发展转型期，公立医院担负着保障人民群众健康的重任。政府明确提出，公立医院要树立大健康观念，推动健康服务业发展，并采取积极措施保障基本医疗卫生服务供给，建立维护和促进基本医疗卫生服务公平可及的体制机制。最后，公立医院是公共卫生和健康服务体系的重要组成部分。在我国，公立医院是政府提供公共卫生和健康服务的重要主体之一，在保障人民健康方面发挥着不可替代的作用。需要看到，医院还是治理主体。在公立医院改革中，政府不断完善政策引导机制，坚持"保基本、强基层、建机制"的原则，以基层为重点，加强对公立医院的政策支持。在政策支持下，基层医疗卫生机构不断增强服务能力，形成了公立医疗卫生机构与基层医疗卫生机构并存的格局。

合作伙伴是协同治理的主要特征之一。这是由于在多主体合作中存在利益冲突以及公共产品和服务具有非排他性和非竞争性等特征，使得合作伙伴之间存在竞争关系。因此，在不同主体协同治理过程中，利益冲突不可避免，而协调利益冲突将通过合作达成共同目标。

协同治理中公共产品和服务具有非竞争性和非排他性特征。因此协同治理将其视为一个相对独立的体系，参与者之间不会存在利益冲突。在多主体协同治理过程中，利益相关者需要以合作伙伴关系为基础，通过一种互利共赢的方式达到协同治理的目的。多元主体协同治理是基于"善治"理念而形成的一种社会组织行为方式。善治是国家或地区为了获取公共利益，实现共同目标，而采取合作方式解决问题与冲突，最终达到满意状态和最优结果的过程。善治所追求的目标是提高公民满意度、公共服务质量、经济效率以及社会稳定性等。从善治理念出发，在多元主体协同治理中建立合作关系和互惠关系。基于协同学理论的视角，从多元治理的相关内涵来看，多元治理强调在现有的规制下，多元协同治理的主体间需要达到效用最大化。基于多元治理的相关研究，多元治理主体之间的相互关系构成了多元协同治理的运行环境。在协同理论中，协同是一个复杂的过程，是多个主体间形成的子系统相互融合的过程。目前对多元主体协同内涵的研究主要包括以下两方面：一是多元治理主体之间的协调；二是多元治理主体之间的协作。

在多元治理中，不同的治理主体具有不同的利益诉求，如何通过协调使各方利益平衡以及实现共同价值最大化，是协同主体之间需要考虑的问题。为了更好地协调相关主体，多元主体间需要有效地协商、沟通与共荣，尤其是在应对突发公共卫生危机时需要多主体"协同"治理、通力合作。在协同治理的过程中，参与治理的主体多元，所处的环境不同，利益诉求也不同，因而协同治理有一定的难度。因此，要保障多元主体间有效地进行协同治理，必须构建良好的信任机制、动力机制与利益分配机制，这也是多元主体协同治理的核心。

信任是多元主体协同治理的重要因素之一，不同主体间需要建立信任关系来保持多元主体间合作关系。协同治理中的信任关系是主体间互动的结果，即通过对行为预期及结果的评估，在彼此信任的基础上形成合作关系。协同治理中信任关系的建立受到诸多因素影响，本书通过对协同治理中信任关系建立机制及影响因素进行分析，为推动协同治理中信任关系的形成提供理论依据。

在协同治理过程中，各主体间是相互依存、相互合作的共同体，任何一方的行为都会影响整个系统能否正常运行。为了提高协同治理绩效，必须在各参与主体间建立起互信关系。现实中各主体间的不信任、不合作，会直接影响协同治理绩效。虽然在实践中，主体间的信任关系也有一定程度的建立，但普遍存在着不够紧密、信任度低等问题。对于多元主体协同治理中的信任关系影响因素及作用机制研究尚缺乏，现有研究多是对部分要素进行分析，缺乏系统且全面的分析。因此，在建立信任关系时，首先要确定信任的主体，即协同治理中的各主体。因为不同主体在立场、利益诉求以及价值观念上存在差异，很难建立起良好的信任关系，会不可避免地存在一定的冲突，所以在协同治理中，对各参与主体进行分类显得尤为重要。在实践中，很多时候并不是单个参与主体就能影响整个系统的运行。因此，根据信任主体与信任关系建立机理分析以及不同主体的治理责任，将协同治理中的不同主体划分为领导者（政府）、企业和行动者（社会组织）三类群体，其中领导者群体中的领导与行动者群体中的行动者为不同类型。信任是相互的、长期的，因此需要通过沟通机制传递信息并建立互信，促进多元主体间的合作与沟通。

其次，合理地划分各相关主体利益。动力机制是指主体间存在着共同利益或共同目标而产生相互驱动和引导作用的动力因素。在多元协同治理中，不同类型主体的各自利益诉求不同，这就需要通过动力机制实现主体利益的最大化。为了实现协同治理目标，在利益分配时要合理地划分各相关主体之间的利益。由于各个主体间存在着不同的价值取向和利益诉求，因此需要通过利益分配机制实现多元主体间资源优化配置并促进协同治理。在协同治理过程中，不同主体会产生不同的价值追求和利益诉求，而不同的利益诉求又会引起不同的行为倾向。因此，协调各主体间的利益关系、实现利益分配的合理化成为协同治理过程中各方需要解决的难题。我国协同治理的发展历程经历了三个阶段：第一阶段是政府主导下的协作，主要涉及政府、市场和社会三大主体；第二阶段是市场主导下的协作，主要涉及政府与社会、企业之间以及政府与市场之间；第三阶段是多元协同治理，则主要涉及政府与社会之间以及政府与市场之间。

协同治理对利益分配机制提出了新的要求。第一，从主体利益出发。在协同治理中，各主体利益的分配直接影响着主体间的合作效果，因此，协同治理过程中应首先考虑不同主体间利益分配机制的合理性。只有在合理的利益分配机制下，协同治理各主体才能发挥最大效用，才能实现合作共赢。第二，从公共品供给出发。协同治理强调以公众需求为导向，以公众利益最大化为目标，因此它对公共品供给提出了更高要求。首先，公众的需要具有多样性；其次，公众的需要具有差异性；最后，公共品供给具有公共性。由于不同主体对公共品的需求差异较大（如企业和政府对公共品需求的差别），因此协同治理过程中需要考虑供给侧结构性改革。第三，从主体能力出发。协同治理中，政府和市场对公共品的供给能力是不同的，因此，在协同治理过程中还应考虑到政府和市场在供给公共品时的能力差距，一般来说，政府有更多的资源和更高的能力去供给公共品。同时，社会组织参与公共品供给具有天然优势，因此还需要考虑社会组织对公共品供给能力和积极性。利益分配机制在协同治理中具有重要地位，合理的利益分配机制可以促进协同治理顺利进行。虽然协同治理是基于多元主体间利益分配而展开的，但多元主体间的利益分配不是静态不变的，而是随着经济发展而不断变化的。因此，各主体在协同治理中的利益分配也应当随时动态调整、不断优化。

当然，不同的利益诉求会导致不同的主体间产生冲突。为了解决冲突，需要建立有效的协调机制。建立协同治理平台来协调不同价值取向和不同利益诉求之间发生的冲突。总的来说，多元主体协同是不同的主体间形成的子系统相互融合，在信任机制、沟通机制、动力机制与利益分配机制的共同作用下，系统有效地运转，子系统间形成有效的合力[1]。

三、多元主体协同机制研究

多元主体系统创新方面的相关研究主要针对协同主体间的相互支持、多元主体间的研究配合与多元主体间对于创新成果的应用与推广[2]。早在20世纪80年代，就有学者提出了多元主体的相互支持，从纵向角度分析，我国医工结合学科发展的研究中主要有两个方面。一是纵向主体之间的协同研究，我国医工结合学科的研究主要有四个主体：医工结合学科发展的基础研究、医工结合学科发展的技术研究的应用与推广以及医工结合学科发展的人才培养。二是横向主体之间的相互支持，即针对某一领域开展相关研究，在横向主体之间存在着多种联系，如高校、研究所、医院、企业等多个主体之间相互协作与支持。从横向主体间协同角度来看，医工结合学科发展中所涉及的主体有：高校、研究所、医院以及企业等。这些主体通过相互支持与配合，共同完成某一领域的研究任务。从横向主体间相互支持的角度来看，不同领域之间存在着互补关系与

---

[1] 孙宾.多元协同治理的逻辑起点、必然与架构——以新冠肺炎疫情为例[J].阴山学刊,2021,34（2）：8-15.

[2] 邓宏兵,刘恺雯,苏攀达.流域生态文明视角下多元主体协同治理体系研究[J].区域经济评论,2021（2）：146-153.

合作关系，如高校与研究所之间可能会存在着合作研究、科研共享等关系；而企业则主要与高校、研究所等科研机构存在着合作关系，两者可以共同开展一些创新活动。

自20世纪90年代起，我国医工结合学科发展中就有了相关研究，主要分为两个方面：一方面是医工结合学科在应用领域方面取得了较大成就；另一方面是医工结合学科在医疗器械领域具有较为广泛的应用。在应用方面取得的成果主要表现在对疾病的诊断与治疗手段上。将医工结合学科创新成果应用于医疗器械领域时可以取得较好效果。较多学者指出，多元主体协同的研究配合层面是核心，而多元主体间的相互支持对创新成果的应用与推广是辅助。对于医工结合学科发展中多元主体的相互支持，目前还缺乏较为系统的研究。就当前而言，我国医工结合学科的发展主要存在三种相互支持方式：一是科研院所与医院之间相互支持；二是高校与研究所之间相互支持；三是企业与医院之间相互支持。

随着医疗器械行业快速发展，国家的相关政策对于医工结合学科在医疗器械行业的发展也提出了更高的要求。在此背景下，我国医工结合学科在医疗器械领域中的发展也开始受到更多重视。自20世纪90年代以来，我国关于医工结合学科在医疗器械领域中的发展研究主要分为两个方面：一方面是医工结合学科在医疗器械领域中的应用研究，另一方面是医工结合学科在医疗器械领域中的发展研究。针对我国医工结合学科在医疗器械领域中的发展问题，国内学者进行了较为深入的探讨，目前较多学者认为：该领域处于"快速发展阶段"，并从"协同创新"视角出发提出了设计方案和内容。主要包括以下四个方面：第一，研究单位之间要进行合作研究；第二，研究单位与企业之间要进行合作研究；第三，相关科研人员与技术人员之间要进行合作研究；第四，科研人员与专家之间要进行合作研究。

从多元主体协同的相关运行机制研究方面来看，任何系统的演化与发展，都需要外部能量的支持，即信息流、价值流、资金流、物质流的流入，以及系统对外界的输出反馈。主体间协同主要在于信息流、价值流、资金流、物质流的互补与共享。而在协同创新层面，不同主体间的价值共享、知识传输、物质互补等，是系统中主体相互协同的关键[1]。协同创新的应用与推广研究中，

---

[1] 王昌森，董文静. 创新驱动发展运行机制及能力提升路径——以"多元主体协同互动"为视角[J]. 企业经济，2021，40（3）：151-160.

协同创新的成果应用与推广是其目的所在，也是提升系统协同效应的关键。而对于多元主体间的创新成果的应用与推广而言，其核心在于应用者对于创新成果的理解、对创新成果的实践等。由此可见，上述三方面内容共同构成了系统创新发展过程中，多元主体之间存在相互支持、相互协作与相互促进的关系。而"体医工融合"的主体间包含了多个领域的专业知识、不同领域的思维，这些元素共同构成了"体医工融合"的"核"，因此，研究"体医工融合"过程中，"核"的运作及其运行机制是不可或缺的重要内容。

四、目前研究中存在的不足

综上所述，从"体医融合"与康复工程视角的分析发现，大多数相关研究主要聚焦于两个方面。一是从理念、技术、人才、部门研究"体医融合"，二是从理念、外延、问题研究医工结合。而对于"体医工融合"的理论内涵、驱动逻辑、促进模式、实现机制、路径策略等相关研究较为鲜见，这为本书的研究提供了相应的契机与调整，这也是本书的主要创新之处。

基于此，本研究首先结合近年来"体医工融合"研究的新进展，通过文献计量与内容分析法，对"体医工融合"的理论内涵、应用现状、存在问题、影响因素等方面进行文献梳理和研究，明确"体医工融合"研究发展现状。其次，通过问卷调查法了解残疾人对"体医工融合"的实际需求和社会各界对"体医工融合"的期望度，并将体育学、医学、康复工程学等学科领域的知识应用到对残疾人群体康复服务中，建立"需求分析—研究假设—实证分析—结果讨论—对策提出"的研究主线，还原以体育学、医学、康复工程学为主的对残疾人群体实施复合干预的主体协同效应，为主体间协同的影响因素进行定量分析，为促进残疾人健康事业"体医工融合"协同创新发展提供理论依据与实证支持。最后，以国内某残疾人康复中心为例，进行实地调研分析，探索促进残疾人健康"体医工融合"协同创新发展实施对策和建议，为我国"体医工融合"协同发展提供参考和借鉴。

第二章 "体医工融合"内在需求分析

> "体医工融合"的关键在于不同主体间的协同，本章基于多元主体协同创新的相关理论，厘清不同要素对"体医工融合"协同效果的作用关系和机理，为促进"体医工融合"协同创新提供理论依据。

第一节 "体医融合"协同内在动力

系列国家战略的实施、社会发展的需要以及新时期体育与卫生健康事业的快速发展等多种因素共同构成了"体医融合"协同内在动力，这些因素相互联系、相互作用，持续推动"体医融合"协同，并实现跨越式新发展。

一、新时期"体医融合"的全球责任和国家战略要义

"体医融合"协同的内在动力，来自新发展的战略背景和社会时代发展的重大需求，具体而言包括：

（一）"体医融合"协同是应对健康问题的基本战略

健康是人类社会发展的核心价值取向，从现实层面来看，人民健康状况依然不容乐观。而在经济社会快速发展、医疗卫生服务不断升级的过程中，因身体疾病所导致的寿命缩短、残疾增加、家庭负担加重等问题也越发突出。因此，"体医融合"协同不仅是为了改善人民群众的健康状况，也是为了进一步改善其生活质量，从而实现经济发展和社会进步。

（二）"体医融合"协同是落实健康中国战略的迫切要求

党的十八大以来，以习近平同志为核心的党中央把人民健康放在优先发展的战略地位，对深化医药卫生体制改革提出了一系列新要求、新举措。特别是党的十九届五中全会，进一步明确提出了要健全基本医疗卫生制度，把"加快建立远程医疗服务体系"作为"十四五"期间深化医药卫生体制改革的重点任务之一。由此可见，加强"体医融合"协同不仅是推进健康中国建设的重要内容，也是落实健康中国战略、满足人民群众对美好生活向往的迫切要求。

（三）"体医融合"协同是提升国家竞争力的内在要求

国际竞争加剧背景下，加强国际合作，尤其是与他国在卫生领域开展深度合作，已成为各国政府和人民的普遍共识。"体医融合"协同是推动国际卫生领域深度合作的重要举措。通过"体医融合"协同，可以有效实现不同领域、不同行业之间人才的培养与交流，从而实现人力资源合理配置。同时，通过"体医融合"协同，还可以进一步加深各国民众对本国文化和价值观念的认同，促进国家文化软实力提升。

（四）"体医融合"协同是体育和卫生健康事业自身发展的需要

社会发展到一定程度必然会对体育与卫生健康事业提出更高要求。随着人口老龄化、慢性疾病负担加重等问题日益严峻，体育和卫生健康事业也面临新形势和新任务。为了顺应这一发展趋势，就必须通过加强"体医融合"协同来弥补自身短板，增强自身优势，提升自身实力。对于体育来说，其发展目标和任务已经由过去单纯追求竞技体育成绩，逐步发展到了增强人民健康水平的阶段。而对于卫生健康事业而言，其发展目标和任务也已经由过去单纯追求医疗卫生服务水平的提高，逐步发展为更加注重人民健康水平提升。因此，加强"体医融合"协同是两大事业自身发展的需要，也是共同应对新形势、新任务的需要。

（五）"体医融合"协同是增进社会凝聚力的重要方式

社会发展需要稳定和谐的氛围，而社会和谐需要强大的社会凝聚力。良好的社会凝聚力是提升国家与民族的创造力和竞争力的重要前提条件。"体医融合"协同通过凝聚社会向心力来发挥其潜在功能和价值，从而使不同组织、机构、群体乃至个人之间、个体与群体之间，在"体医融合"协同过程中实现资源共享、优势互补、互惠互利。

二、新时期"体医融合"的跨学科使命与责任

"体医融合"协同是体育与卫生健康事业在新时期进一步深入推进改革、促进深度融合的重要手段和方式。

（一）"体医融合"是缓解医疗健康需求与医疗健康供给矛盾的重要手段

"体医结合"是新时期国家体育战略的客观需要，是缓解医疗健康需求与医疗健康供给矛盾的重要手段，更是一种医治未病的健康新理念[1]。当前，"体医结合"的实践活动已在全国范围内的各级各类医院、社区、学校中陆续展开，"体医结合"的实施不仅有益于患者身体康复，缓解医疗资源供需矛盾，而且对加快我国健康服务业发展和推进全民健身事业，具有重要的理论价值和现实意义。但是，随着"体医结合"实践活动的持续进行，部分医院、社区与学校出现了一些问题，如将健康干预与康复治疗混为一谈，为患者制订康复计划时单纯考虑运动功能而忽视了身体状况；开展康复治疗时，仅关注患者运动功能的恢复，而忽视了对患者其他生理及心理功能的促进等。这些问题不仅导致"体医结合"实践活动偏离了正确轨道，也制约着该活动的进一步推广。

近年来，随着我国医学教育改革及本科教育转型发展的逐步深入，学生的基础知识结构和专业知识结构等有了很大的变化。加之社会各界对健康问题逐

---

[1] 张剑威，汤卫东."体医结合"协同发展的时代意蕴、地方实践与推进思路[J]. 首都体育学院学报，2018，30（1）：73-77.

渐重视，人们开始意识到健康不仅是一个人生理上的健康状态，更是一个人、一个家庭和整个社会和谐健康发展的重要基础。这些都对学生的素质教育提出了新要求。理念是一种积极的、能够指导实践活动产生所期待结果的思想认识或观念看法，具有认识、指导、激励和文化价值。为此，体育与医疗卫生行业的理念融合是实现深度融合的必要前提[1]，是体育与医疗服务业延伸融合的内在诉求。加强医疗卫生行业体育理念建设，促进体育与医疗卫生行业的深度融合，必须提高医疗卫生人员对体育、医疗卫生行业特点和规律的认识水平。因此，应重视体育和医疗卫生行业理念建设，使其不断完善、发展。

在当前，我国医疗卫生人员对体育和医疗卫生行业认识不足、了解不深的情况下，可以从各学科、各领域中选拔具有一定专业知识和技能、具备较强研究能力的人员组成"跨学科"研究团队，对体育和医疗卫生行业的共同问题进行深入研究，从而构建多学科、多领域的融合发展理念。同时，可组建相关学科的专家学者成立"智库"，对体育和医疗卫生行业发展中的共性问题进行研究，并在此基础上制定相关政策或标准规范。此外，加强多主体、多要素融合发展理念。在实际工作中，可以采取以下四种措施：①将体育、医疗卫生行业作为"共同体"进行联合；②将体育、医疗卫生行业纳入社会组织体系；③加强体育与教育部门的协作；④建立专业人才培养机制，鼓励体育专业人员通过在职学习进修等方式提高自身水平。将体育与医疗卫生行业作为"共同体"，进行联合发展，构建起多元化、多形式的融合发展模式，如共建科研中心、联合培养人才、搭建科研平台等。

（二）形成"体医融合"的科学健身模式是构建民众健康的重要屏障

全民健身促进健康，不仅是体育部门的工作，更需要医疗卫生部门的参与，形成"体医结合"的科学健身模式是民众健康的重要屏障，以及体育与医疗卫生行业的最佳组合[2]。一方面，从国家相关政策来看，2015年10月，国务院印发了《"健康中国2030"规划纲要》，首次将健康中国上升为国家战略，指

---

[1] 田小静，李亚其.体医结合视角下全民健身服务体系的建构[J].广州体育学院学报，2018，38（3）：58-61.

[2] 胡扬.从体医分离到体医融合——对全民健身与全民健康深度融合的思考[J].体育科学，2018，38（7）：10-11.

出要保障人民身心健康。2022年，国务院印发《关于构建更高水平的全民健身公共服务体系》，指出"扩大公益性和基础性服务供给，提高参与度，增强可及性，推动全民健身公共服务体系覆盖全民、服务全民、造福全民"。[1]2017年4月，国家疾病预防控制局疾控印发《全民健康生活方式行动方案（2017—2025年）》第一系列政策文件，2021年，国务院关于印发《全民健身计划（2021—2025年）》，2021年8月由中国残联、教育部、民政部、人力资源社会保障部、国家卫生健康委、国家医疗保障局联合印发的《"十四五"残疾人康复服务实施方案》中均进一步明确国家基本公共服务清单的内容，尤其是将残疾人健康管理与残疾人社区服务纳入其中，将残疾人作为社会保障体系的一部分，进一步强调"推动残疾人基本公共服务均等化"，明确要求"要加强对残疾人基本公共服务的监督和评估，建立残疾人基本公共服务绩效评价机制"。

在社会保障层面，残疾人作为特殊群体，其社会保障与社会救助体系复杂且不完善。例如，在农村低保家庭中，因残疾导致收入来源中断或减少而影响其家庭成员的生活水平。或在农村医疗救助中，对重大疾病患者未能进行及时有效的救治，如先天性心脏病患者未得到及时治疗而导致死亡等。因此，国家将残疾人作为社会保障体系的重要组成部分，积极推动残疾预防与残疾人康复服务。党的十九大报告中，更是将残疾人公共服务上升至新的高度，即将发展残疾人事业与残疾康复服务，作为未来国家在该领域施政的方向。保障残疾人权益是建成小康社会的重要组成部分。而全面小康是一个有机整体，其根本在于保障残疾人的平等权利，通过教育、就业等方式改善其生活质量；其次是通过医疗、康复、就业等方面的举措，促进残疾人享有基本公共服务，加快推进残疾人小康进程，最终实现共同富裕。

此外，公共服务供给方为推动实现残疾人小康，要做到以下几个方面。首先需要完善政策体系与制度保障。即通过政府财政投入和社会资金投入，发挥政府的主导作用，健全康复服务体系和康复保障体系。其次，发挥市场机制作用，推动政府向社会组织购买公共服务，加快发展护理型养老机构等专业化养老服务业[2]。最后，加强社会治理创新，形成政府、市场、社会协同治理新

---

[1] 中共中央，国务院. 中共中央办公厅 国务院办公厅印发《关于构建更高水平的全民健身公共服务体系的意见》[EB/OL].（2022-03-23）[2023-11-07]. https://www.gov.cn/gongbao/content/2022/content_5683839.htm.

[2] 龙佳怀，刘玉. 健康中国建设背景下全民科学健身的实然与应然[J]. 体育科学，2017，37（6）：91-97.

格局，营造良好的环境氛围，形成长效管理机制，不断提高残疾人事业的法治化、制度化水平。

为实现全面建成小康社会目标，国家通过一系列举措来推进残疾人事业实现新发展：一是完善残疾人保障法实施细则和相关法律法规；二是重点做好残疾预防，以开展"全民健康生活方式行动"为抓手；三是完善残疾人福利政策和服务体系；四是重点保障残疾人的基本生活和康复需求；五是继续全面提升残疾人事业发展水平；六是加强残疾人组织建设与制度建设。在"健康中国2030"国家战略下，提出全方位、全周期、全人群的健康服务体系，疾病预防、疾病筛查、全民健康、社区赋能等关键词深入人心、耳熟能详。在"健康中国2030"国家战略的引领下，"医体结合"能够针对不同环境，在不同人群中，依据不同人群群体或个体的身体机能差异，提出有针对性的健康保健模式[1]。

人体的生理机制是非常复杂的，随着社会的进步和人们生活方式的改变，疾病谱也随之发生着改变。我国已经进入老龄化社会。人口老龄化一方面导致人口结构和年龄结构失衡，另一方面又导致慢性病负担加重。据统计，我国目前的慢性病患者已经达到了5亿人左右，其中心血管疾病患者人数达2.9亿，慢性病已成为威胁我国人民健康和生命安全的重要因素之一，而慢性病也是导致残疾人死亡的原因之一。对慢性病的防治，不仅仅是简单地治疗疾病，更重要的是要预防疾病、减少危害。健康体检在慢性病预防方面有独特优势。一方面体检能够在早期发现慢性病，及时进行干预和治疗；另一方面体检可以使健康人群及时了解自身健康状况。目前，我国每年都有大量的人群因"健康体检"而被发现患有疾病，如冠心病、脑卒中、高血压等。

从相关研究来看，现多聚焦于定性与宏观政策解读层面，而对中观层面、微观层面的研究较少，尤其是缺乏针对残疾人群体对"体医工融合"的态度或认知、对"体医工融合"效果的影响、"体医工融合"过程中政府支持、相关制度框架的搭建对"体医工融合"的效果等方面的研究。这些均是"体医工融合"相关主体协同创新，大健康概念成功落地，以及服务残疾人群体的关键内容。

---

[1] 卢文云，阵佩杰. 全民健身与全民健康深度融合的内涵、路径与体制机制研究[J]. 体育科学，2018，38（5）：25-39.

第二节 "医工结合"协同相关需求

"医工结合"是近年来科技发展的热点，它不仅是实现多学科交叉融合的一条重要途径，而且能够为促进医学学科发展提供有效支撑，从而为医学的临床应用和医院管理等提供新思路、新模式。

一、"医工结合"的新内涵和新价值

目前，我国医工结合研究取得了一定的成绩，在医疗设备研制、医疗器械注册和审批、医学设备检验等领域中，已有部分成果转化。但是，由于医工结合研究发展还不成熟，医工结合的模式和机制等都还未完全建立起来，导致医工结合的实际效果欠佳。医工结合的研究成果大多应用于医院中，较少能在企业中进行产业转化。主要有两个方面原因。一是企业的产品研发能力不足。二是医工结合需要长期投入大量资源。因此，一方面，医工结合的发展离不开政府政策支持。国家应加强顶层设计、完善体制机制，通过制定相关政策，引导企业加大对医工结合研究的投入力度、注重医工结合人才队伍建设、加强医工结合制度建设等，加强医工合作研究。另一方面，医工结合需要良好的环境。一是要有一个好的研究环境；二是要有好的人才队伍。只有这样才能推动医工结合快速发展与成熟。

就我国而言，医疗装备行业起步较晚，但近年来发展迅速。目前我国已成为全球第二大医疗器械市场。

2021年2月9日，国家工业和信息化部、科技部、国家卫生健康委、国家中医药管理局联合印发了《"十三五"医疗装备产业发展规划》（以下简称《规划》）。《规划》指出"十三五期间，我国医疗装备产业高速度发展，2019年市场规模达8000亿元，成为全球重要的医疗装备生产基地。到2030年，成为世界高端医疗装备研发、制造、应用高地，为我国医疗服务质量和健康保障水平进入高收入国家行列提供有力支撑"。[1]

---

[1] 中华人民共和国工业和信息化部. 公开征求对《医疗装备产业发展规划（2021–2025年）》（征求意见稿）的意见［EB/OL］.（2021-02-09）［2023-11-07］. https://www.miit.gov.cn/jgsj/zbys/gzdt/art/2021/art_3479e58a8b2c48309ec693595836aabf.html.

随着"新医科"战略的提出，医学与工学交叉融合作为一种跨学科研究模式已经成为高水平大学学科建设与医工融合的高层次医学人才培养的重要切入点，有力契合了未来医学教育的发展趋势，赋予了医学教育新内涵与新价值。从人才培养的角度看，为进一步激发医学生的创新潜能，需要充分利用现代科学技术手段，有效将医学研究与工程技术紧密结合起来。

从实践教学环节看，为了让学生在未来从事相关专业的科研工作时，能具备扎实的知识基础与操作技能，应根据教学目标、培养方案中的要求，进一步细化实践教学内容和实施计划，将学生的工程技术能力训练与创新能力培养有机结合起来。

从课程设置方面看，应进一步完善医学生的培养方案和课程体系，将专业基础知识、医学研究方法、临床操作技能等作为医工交叉融合教学计划中的重要组成部分。

从科研训练方面看，应根据人才培养方案中规定的各阶段研究任务，针对不同阶段、不同年级学生的特点、兴趣与需求，合理设置相应课程群和实践环节。在安排相关课程内容时，要考虑学生学习能力差异性、学习主动性以及对创新实践能力培养的需求。

从实践教学过程看，应根据人才培养方案和课程体系要求，按照"边学边做""做中学"等原则，通过引导学生参与科技活动、学生创新创业实践等方式来实现"教学做一体化"。

从师资队伍建设方面看，应进一步完善师资队伍建设体制机制及考评体系，合理优化教师队伍结构，加强教师科研创新能力、工程技术能力等方面的考核和管理，提升导师制在教师队伍建设中的作用和地位，提高导师指导学生参与创新实践活动的积极性。

二、"医工结合"协同的相关需要

（一）培育复合型康复工程专业人才

目前，国家仍缺乏对复合型康复工程专业人才培养的支持，现阶段国内复合型康复工程专业人才培养主要面临以下问题。

一是我国目前没有针对复合型康复工程专业人才培养学科规划或课程体

系，与其相关的课程教学资源非常缺乏，高校没有设置相关方向。

二是缺乏交叉学科和相关专业。目前虽然有一些工程类专业如机械、计算机、电气等，但这些都属于工科类，与康复医学相关的工科类专业更少。高校中的医学类院校中，虽然也有不少以"康复"为关键词建立的医学类专业，但大多局限在医学领域。这些都与我国当前对复合型康复工程专业人才培养的要求相去甚远。

三是缺乏交叉学科背景下，对交叉学科专业人才培养的探索和实践。目前国内高校中还没有针对康复工程等相关交叉学科与专业设立相应课程体系或科研平台。从高校开设相关课程或与工程、医学领域进行合作来看，存在缺乏交叉学科背景下对交叉学科专业人才培养的探索和实践、缺乏对相关交叉学科专业人才培养方案、课程体系、师资队伍等方面的建设探索等问题。

四是复合型人才培养与师资队伍建设不足。康复医学相关课程专业性强，仅依靠医学院校、体育类院校或工科专业不能完全满足需要，因此，迫切需要建立跨学科复合型人才培养体系，需要聚集体育类院校、医学类院校与工程类专业或院校融合相关领域的专家学者，并从业界聘请有丰富临床经验的医生、体育教练、工程师进行专业指导，完善学科建设中的复合型导师队伍建设。

五是缺乏在康复工程学科领域有影响力的院士等学者。由于学科建设需要大量的资金投入，目前国内康复工程学科尚处于起步阶段，相应的科研平台、经费支持、团队建设都存在不足，导致学科发展相对滞后。同时，康复工程人才培养难度大、周期长，需要长时间积累才能逐渐形成规模。

因此，亟须国家在政策、经费、科研等方面给予支持，加强医学类院校、体育类院校以及研究机构的合作，开设康复工程等相关课程，探索多主体联合人才培养模式，培育复合型康复工程专业人才。加强师资队伍建设，建立由体育类院校、医学类院校负责人牵头，由有丰富临床经验的医生、体育教练、工程师组成的康复专业专家智库，为推动康复工程学科高质量发展提供智力支持。

（二）发展康复工程学科

未来康复工程学科发展需要注意以下几个方面。

第一，从政策层面来看，国家应加快出台康复工程人才培养的相关政策。建议从国家层面将康复工程人才培养纳入到国家中长期科学和技术发展规划中；将康复医学与健康服务等纳入国家重点研发计划，并加强康复医学与健康服务人才培养。建议在高校专业设置、师资队伍建设、教学资源建设等方面给予更多政策支持，形成具有特色的康复工程人才培养模式。

第二，从社会层面来看，需要加强康复工程专业知识的宣传力度。首先应加大康复工程相关的科普教育，提高相关从业人员的专业认知水平。其次可以通过线上线下相结合的方式为学生提供学习指导与帮助。最后可以通过举办相关讲座、开展相关科普宣传活动等方式来增强社会公众对康复工程的认知，进而促进人才培养。

第三，从人才培养层面来看，未来康复工程人才培养应以应用型人才为主。高校应该与加强企业合作，建立产学研基地，并通过联合建立研发平台等方式为社会培养应用型人才。同时也需要为学生提供更多实践机会。在实践教学方面，则需要大力推动康复工程学科建设，加强与工程、医学的交叉融合。

第四，从人才培养模式来看，可以探索与其他学科合作培养、校企合作等方式。例如与医疗机构、体育机构等企业进行产学研合作，通过建立实验室等方式培养学生的实践能力。也可以通过聘请企业专家、工程技术人员、政府官员等担任高校兼职教师的方式来培养康复工程人才。

第五，从人才培养方式来看，需要加强对康复工程人才的分类培养。例如对体育类高校进行细分，根据学校所在地区和专业设置情况来进行针对性培养。并针对不同专业的学生设立不同课程内容，做到因材施教。

第六，从学科发展趋势来看，随着健康中国2023战略的实施，人们对健康的认知逐渐上升至医学层面，而康复医学是保障人们身体健康和提高生活质量的重要途径之一，因此康复工程学科的发展也将更注重向社会大众普及。

此外，应对导师队伍、学生培养、专业水平、学科发展等方面进行系统、科学的测评，通过测评完成资质认证和人才培养认证，建设具有高素质、高水平、高技能和专业性强的康复工程人才队伍，能够独立设计辅助器械，在临床诊疗康复中，对相关辅助器械进行评估与使用，帮助相关人群恢复身体机能。体育类院校在工程类人才培养方面，通过课程设计、项目实践等多种形式，将工科与医学知识相结合，对工程类学生进行医学知识的传授，并对医工融合课程体系进行优化与完善，使学生能够在工作中将所学的工程技术知识与实践应用相结合。此外，随着医工融合的发展，培养康复工程人才队伍时，应将医工融合评价体系纳入相关人才的评价中，从而建立起具有科学性、规范性和实用性的评价体系。同时应建立一套适合医工融合发展的人才评价标准，为我国康复工程人才队伍培养提供参考依据。

传统医学与工学的交叉融合主要通过各自领域的学科团队进行合作研究，在合作过程中共同开展研究课题、进行学科竞赛等形式完成。但是在实际实施过程中，难以保证参与学科的团队数量、人员、课题内容与传统医学或工学领域是否相关等问题。从传统医学与工学结合发展历程来看，由于缺乏一定的激励机制以及经费支持，导致了参与学科团队数量少、课题内容与传统医学或工学领域不相关等问题。现代医工结合的实质是以现有学科为基础、以协同创新为目的、以多学科交叉为途径、以问题为导向进行的一种新型医学与工程学结合模式[1]。但是目前在具体实施过程中由于缺少实质性平台而难以保证其协同创新效果。以往的相关研究表明，对于学科间的融合，以及协同创新方面，其主要问题存在于学科创新模式的发展，以及相关科研经费的支持[2]。学科交叉融合，并非两个单一学科间的融合。如医工结合以医学学科为主，与计算机、工程学、生物学、物理学、材料学等相关学科进行融合，形成一专多能的有利局面，而非一一对应的关系。

就目前的研究来看，医工结合的过程中主要存在以下两方面难题。

一是学科融合难。医工结合主要是指将医学、工程学、生物学、物理学等相关学科进行协同，促进其学科发展，进而实现创新价值。医工结合通过相互学习和借鉴进行，其具体路径是首先由相关学者发现医学与工学两大学科间存在相互促进和渗透的关系，然后通过对两者关系的研究提出相应的研究主题和方向，最终以此为基础对医学与工学进行融合。但是，在协同过程中，各领域之间共同解决问题具有一定的难度。一方面，不同学科之间的交融必须建立在对其关系研究基础之上；另一方面，不同学科之间的融合往往是以问题为导向进行的，这种方法缺乏创新性；此外，由于医工结合本身具有复杂性和独特性，因此在具体实施过程中面临诸多困难。

二是创新协同难。创新协同是指在当前医学与工学之间进行资源整合和重新配置，形成一种新的医学与工学协同机制。由于这种创新机制具有一定的复杂性和独特性，在具体实施过程中很容易出现问题，造成资源浪费。

随着我国科技的迅速发展以及新兴技术的兴起，医工结合创新模式也面临着诸多挑战。首先，缺乏实质性平台。目前在我国医工结合创新模式主要包括

---

[1] 王新，金磊. 浅谈医工协同与创新[J]. 中国仪器仪表，2020（6）：32-35.
[2] 王璐，马峥，许晓阳，等. 中国医工结合发展现状与对策研究报告（2019年版）[J]. 实用临床医药杂志，2019，23（5）：1-6.

两种形式：一种是医学与工学协同创新；另一种是医学与工学、人文社会科学协同创新。前者主要以医学学科为主并以科研项目为支撑；后者主要以工科学科为主并以科技成果转化为支撑。但是这两种模式都在一定程度上存在不足之处。其次，由于医学与工学两大学科本身就具有一定的特殊性，知识体系和思维模式存在一定的差异，医学关注临床实践与生物复杂性，强调安全性和个体化治疗；工学侧重技术实现与标准化，追求效率与可扩展性。这种根本性差异导致双方在问题定义、研究方法和成果评估上难以达成共识，实现二者协同融合面临较大挑战。最后，由于医学与工学之间存在较强的异质性，表现在主体能力不匹配、资源对接低效，面临协同机制与资源整合的障碍，因此在进行协同创新过程中也存在一定困难。

从我国当前科技发展现状来看，我国在医工结合方面主要以工科学科为主并以科技成果转化为支撑，这种模式虽然可以实现医学与工学协同创新，但却难以实现其最终目的。而在学科交叉过程中，较多科研项目属于技术新兴领域，需要大量的科研经费支持。但因研发过程尚未产生市场盈利，企业等盈利机构因为科研经费投入巨大，望而却步。大型医疗器械企业需要有强大的产品开发能力与技术创新能力，能够研发出属于自己的具有知识产权的产品，同时还需要有丰富的临床数据可供检验[1]。但由于科研投入成本过大，大型企业往往不愿意在研发初期投入较多资金。中小型医疗器械企业的研发投入成本相对较低，且产品上市周期短、利润丰厚，但因临床数据相对匮乏、可供检验的数据资源少等原因，在科研立项初期缺乏足够的经费支持。同时，医疗器械与医药产品生产周期长，且产品生产与销售均有较强的地域性。对于以企业为主体的医工融合体系而言，不仅要考虑科研经费投入、临床数据匮乏等现实问题，还需要考虑到跨地域、跨地区等诸多风险，这些都制约了医工融合体系快速健康发展。

此外，与国外发达国家相比，我国在医工融合发展上仍存在诸多不足之处。首先，对医工融合的认识不足。在我国，由于对医学、工学之间关系的认识不够，导致医疗器械与医药行业内部大量从事医疗器械产品开发、技术创新等工作的科研人员受到冷落。由于政府对医工融合方面的经费投入相对较少且不稳定，以及项目可行性难以辨别等原因，导致对医工融合项目的资助较为困难。其次，相关政策体系不完善。目前我国对于医工融合领域的扶持政策主要

---

[1] 王新，金磊.浅谈医工协同与创新[J].中国仪器仪表，2020（6）：32-35.

是资金支持。但由于我国资金投入主体较少、扶持政策不完善以及地方政府财政紧张等原因，导致资金投入力度不足。综上，需要政府能够甄别相关科研项目的预期前景，为相关项目的研发投入启动相应的支持保障机制，为医工融合的快速平稳发展提供政策与资金支持。

（三）综合考量多元主体的协作关系和机理

基于上述分析，"体医工融合"的关键在于不同主体间的协同，而人才建设、学科交叉等均是具体的表现，可以归纳为政府支持与相关制度框架建设等，需要通过定量的分析后，厘清不同影响要素的作用，才能够有的放矢地对"体医工融合"发展过程中的短板与不足进行相应的补充与发展[1]。

因此，本书基于多元主体协同创新的相关理论的分析和研究，以残疾人群体为受众，针对"体医工融合"发展过程中所面临的具体问题，从政府服务残疾人动机、"体医工融合"主体作用关系、残疾人群体对"体医工融合"的态度、残疾人群体对"体医工融合"的认知、"体医工融合"的相关制度建设等方面，考察这些影响因素对"体医工融合"的协同效果的作用关系，以此厘清"体医工融合"系统中不同的作用机理，还原"体医工融合"协同效果的全貌。

---

[1] 周学良,于志鹏,单博,等.浅谈医工协同与创新服务[J].中国仪器仪表,2020（12）：44-46.

第三章 "体医工融合"多元主体协同的相关假设分析

本章主要从"体医工融合"多元主体协同的相关假设分析入手，分析相关政策，进行文献回顾，提出相关假设，并构建所需的分析模型框架，设置调查问卷，选择相应的调查样本，为后续章节奠定理论分析与调查样本选择的基础。

第一节 "体医工融合"多元主体协同的相关假设提出

本节基于相关政策、文献回顾分析，提出相关假设，为后续构建所需的分析模型框架奠定分析基础。

一、"体医工融合"科学健身模式是残疾人康复模式的最佳选择

在残疾人康复服务中，不仅有医疗健康服务和体育服务，同时还需要康复器械的辅助。例如，助听器和助视器就是辅助残疾人康复的重要器械。这些器械对于帮助残疾人改善听力、提高视力、矫正姿势等都有很大帮助。

在残疾人康复器械中，助听器和助视器是最常用到的，将其应用到残疾人身上后，也可以帮助他们改善听力和视力。

在残疾人康复器械中，助听器作为一种小型电子设备，通过麦克风收集声音，利用内置的微型计算机对声音信号进行处理并放大，最后通过扬声器将放大的声音传输到用户的耳朵中。这一过程显著改善了听力障碍患者的听觉体验。助听器的主要功能包括声音放大、背景噪音抑制等，使其能够在各种环境下提供清晰的声音。现代助听器还具备许多先进功能，如方向性麦克风技术，

能够帮助用户在嘈杂环境中更好地聚焦和听清楚特定方向的声音。此外，助听器可以通过无线连接与其他设备（如智能手机、电视等）配对，为用户提供更加便捷的使用体验。助听器在康复服务中的应用非常广泛，能够有效提高听力障碍者的听觉能力，使其清晰地听到外界的声音，从而提升与他人的交流能力，特别是对听力障碍儿童，早期使用助听器有助于其语言能力的发展，使其在语言关键期内正常学习和掌握语言。此外，助听器还提高了听力障碍者的安全性，使其能够听到环境中的危险信号，避免意外发生。助听器的使用也对听力障碍者的心理健康有积极影响，减少其社交隔离感，增强其自信心和生活满意度。在职业和教育环境中，助听器帮助听力障碍者在工作场所和学校中更好地听清楚同事、上司或教师的指令，提升工作效率和学业成绩。研究表明：中年男性在意外事故中失去部分听力后通过佩戴助听器后恢复了大部分听力，并重新融入社交圈子；先天性听力障碍儿童通过早期佩戴助听器，顺利掌握了语言技能，在学校中表现出色；职业女性通过佩戴助听器，提高了职业竞争力和工作满意度。

　　总之，助听器作为一种重要的康复器械，不仅显著改善了听力障碍者的听觉体验，还在其语言发展、安全保障、心理健康、职业和教育等方面提供了重要的帮助。助听器通过声音收集、处理、放大和传输的过程，使听力障碍者能够清晰地听到外界的声音，提升了他们的生活质量和社会参与度。随着技术的不断进步，助听器的功能将更加智能化和多样化，为听力障碍者提供更全面和个性化的支持。助听器的使用效果因个体差异而异，但总体上能够显著提高听力障碍者的生活质量。研究表明，佩戴助听器的听力障碍者在听力、交流能力和生活满意度方面均有显著提高，特别是中重度听力损失者。未来，随着技术的进步和社会对残疾人康复需求的重视，助听器的应用前景将更加广阔，助听器将为更多的听力障碍者带来福音，帮助他们更好地融入社会，享受丰富多彩的生活。

　　助视器作为一种关键的康复器械，通过光学放大和图像增强技术，帮助视力障碍者显著提高视觉能力。助视器的类型多样，包括放大镜、望远镜和电子助视器等。其工作原理是利用放大镜片或电子屏幕放大视野中的物体，同时通过调节对比度和亮度等参数增强图像，使视力障碍者能够更清晰地看到细节。例如，光学放大镜通过凸透镜放大图像，而电子助视器则通过数字摄像头捕捉图像并在屏幕上进行放大和优化显示。这些技术的结合，使助视器能够在各种光线条件下提供清晰、易读的图像。助视器在视力康复中的应用极为广泛，涵盖日常生活、教育和职业等多个领域。在日常生活中，助视器帮助视力障碍者进行阅读、写作和观看电视等活动，从而提高他们的生活自理能力。在教育环境中，助视器为视力障碍学生提供了重要支持，帮助他们更好地进行学习，阅读教材和观看黑板内容，提高学习效率和学业表现。在职业场所中，助视器帮助视力障碍者更好地完成工作任务，提升其工作效率和职业竞争力。助视器的使用效果因个体差异而异，但从总体上看，这些康复器械能够显著提高视力障碍者的生活质量和社会参与度。研究表明，助视器能够有效提高视力障碍者的视觉能力，显著提升其日常生活和工作学习的质量。对于患有黄斑变性的老年人，通过使用电子助视器，能够清晰地阅读报纸和书籍，大大提升了生活质量。此外，视力障碍的大学生，借助高倍放大镜，能够在课堂上清楚地观看讲义和黑板内容，顺利完成学业，并在毕业后成功找到满意的工作。这些案例表明，助视器作为重要的康复器械，能够有效提升视力障碍者的生活质量和社会参与度，帮助他们更好地融入社会，实现个人价值。

除了帮助残疾人使用这些康复器械外，残疾人康复服务中还会涉及到其他方面的内容。例如，康复服务人员要对残疾人进行评估、制订个性化的训练计划、对残疾人进行训练指导等。这些内容对于帮助残疾群体康复都有很大的作用。

残疾群体进行康复训练时需注意以下几点，例如，要根据残疾程度选择合适的康复器械；根据康复目标选择合适的康复方案；根据康复需求选择合适的康复内容等。这些都是残疾群体在进行训练时需要注意的问题，只有注意了这些问题，才能够更好地进行康复训练。

第二次全国残疾人抽样调查数据显示，有辅助器具需求的残疾人占38.56%，曾接受辅助器具的配备与服务的残疾人占7.31%[1]。由此可见，在康复过程中，残疾人群体对于辅助器械的需求远远未得到合理的满足。首先，现有的辅助器械以满足基础需求为主，而针对残疾人个体需要的精准辅助器械较少，如假肢、矫形器等。其次，在辅助器械使用过程中，由于残疾人自身的专业知识水平有限，其对辅助器械的使用存在理解误区。再次，辅助器械在我国尚未形成规范化、专业化的管理体系。最后，国内相关辅助器械的使用及售后服务缺乏统一标准，残疾人难以获得便捷有效的辅具服务。

目前国内辅助器械行业发展尚不成熟，尚不能满足残疾人群体对于辅助

---

[1] 王璐，马峥，许晓阳，等. 中国医工结合发展现状与对策研究报告（2019年版）[J]. 实用临床医药杂志，2019，23（5）：1-6.

器械的需求，导致其使用存在诸多问题。首先，现有的辅助器械存在适用性问题，无法满足不同残疾类型的功能需求。其次，在辅具设计开发过程中，无法根据残疾人个体情况进行个性化设计。最后，在辅具服务过程中，康复机构与残疾人缺乏有效沟通渠道。因此，国家需建立基于残疾人个体的辅助器械精准需求数据库，由中国残疾人联合会牵头建立国家层面、省域层面和县市层面的残疾人康复需求数据库。数据库内容应包含辅具类别、功能及适用人群等信息，并根据不同残疾类型、功能需求及适用人群等因素分析构建不同类型、功能需求下的个性化辅具配置模型。

基于康复工程学的相关理论，残疾人辅具的科学性和合理性得到学界与业界的认可，由此可见，康复工程在残疾人康复过程中具有较好的理论指导意义与实践价值。具体来讲，康复工程在残疾人康复过程中能够发挥以下几方面的作用。

第一，对残疾人的生理状态进行分析，从而针对性地改善残疾人的生理状况。基于功能和结构理论，残疾人群存在不同程度的运动功能障碍，康复工程介入后能够实现对患者肢体功能障碍的评估与诊断，进而为患者选择相应的运动模式和运动设备，以促进患者肢体功能障碍的改善。例如，上肢进行曲臂训练时，可使用小型哑铃增加上肢肌肉力量；下肢进行提踵训练时，可使用脚踏板等增加下肢肌肉力量。

第二，在对残疾人心理特征进行分析的过程中，康复工程能够有效地改善残疾人心理状态。例如，在对残疾人群心理状态进行分析后发现，大多数残疾人都存在不同程度的自卑心理和精神压抑问题。因此在对残疾人开展康复工程时，应充分考虑残疾人的心理特征、社会背景、文化程度等因素。例如，将肢体运动功能障碍患者安排到合适位置进行作业治疗；对其进行集体心理疏导时，将其安排在一个相对封闭的空间内；在与外界进行交流时注重无障碍性。

第三，在对残疾人实施康复工程的过程中，需要充分考虑辅助器械和康复手段合理选择的问题。例如针对肢体功能障碍患者应考虑使用轮椅、助行器等辅助器具；针对精神疾病患者应考虑使用精神类药物、音乐治疗等康复手段；针对智力障碍患者应考虑使用计算机辅助设计等[1]。

为促进残疾人康复，"体医工融合"势在必行，然而，在"体医融合"的

---

[1] 戴智华. 提升高校科技创新能力的学科交叉实证研究——以医工学科交叉为例[J]. 科技进步与对策，2011，28（21）：147-150.

大蓝图中，亟待康复工程学等相关元素的融入[1]。体育健身服务与卫生服务是残疾人健康服务的最主要表现形式，康复工程学是残疾人健康服务的技术准备，因此三者交叉融合构成的"体医工融合"科学健身模式，是当前构建残疾人康复模式的最佳组合。残疾人的健康，不仅需要身体上的健全，更需要心理和精神上的健全。针对残疾人这一特殊群体，康复工程学作为残疾人健康服务的技术准备，而"体医工融合"作为残疾人健康服务的具体形式，二者相互支持、相互促进。

对医工结合模式与协同创新的研究表明，医工结合可有效地将创新思想应用于科研工作中。基于对医学学科和工程学学科特点的分析，医工结合可从两个方面进行。一方面，医工结合能打破医学和工程学之间的界限，实现学科交叉；另一方面，医工结合可有效促进传统医学向现代医学转变。医工结合作为协同创新中的一种主要形式，在创新过程中容易出现相关问题。

研究进一步指出，医工结合虽然是一个创新协同的完整过程，但在协同过程中，由于医学与工学的相关元素错综复杂，难以避免出现相关问题。首先，医工学科的交叉和融合将促进多学科的发展，同时也将促进相关学科间知识体系的融合。其次，医工结合还可以促进医学与工程、科学等相关学科之间的交叉与融合。但还需要注意的是，由于不同学科所关注问题和研究重点不同，因此医工结合不能完全等同于交叉融合。最后，医工结合过程中还存在一些问题。例如，交叉融合过程中易出现医学与工学知识体系融合不足的问题。通过建立学科分类、规范知识体系及开展学术交流等方式促进医学与工学学科间有效协同。

有学者认为医工协同创新模式既有助于交叉融合医学与工学之间的知识体系，也有助于促进医工交叉中出现的问题得到更好的解决，同时指出，由于医工协同过程中存在多个利益相关者（包括医学专家、工科专家和企业），因此需要建立医工协同的沟通协调机制和利益平衡机制等。

在分析过程中我们发现，尽管医工结合模式存在诸多优势，但也存在一些问题。

其一，交叉的医学学科集中于某一学科的偏多，交叉的理工学科和医学学科"一一对应"的较多，没有形成"一对多"或"两对多"的学科交叉模式，

---

[1] 杨继星，陈家起.多学科视域下体医融合理论根基探究[J].吉林体育学院学报，2019，35（6）：18-22.

也没有形成"多对多"或"多对少"的交叉学科模式。因此，我们不能简单地把交叉医学理解为某一学科与另一学科的融合。从交叉医学的定义中可以看出，其内涵包括三个方面：多学科协作、综合研究方法及技术创新与运用；跨自然科学和工程学；跨学科指超越单一学科界限，通过整合不同学科理论、方法解决复杂问题。在生命科学领域，自然科学提供生命现象的基础认知，工程学则驱动技术转化与应用创新，二者协同形成系统性研究范式。跨学科研究通过打破自然科学与工程学的壁垒，不仅深化了对生命本质的理解，更推动生物技术在医疗、环保等领域的突破性应用。其核心在于以问题为导向，构建"学科交叉—技术融合—产业对接"的创新生态。交叉医学应该是一门以生命现象及过程为研究对象的跨学科医学学科，但目前还没有明确的定义，对交叉医学的界定也不是很清楚，对于交叉医学是否应该包括跨自然科学和工程学还存在很大争议。从理论上讲，交叉医学将不同学科的理论与方法结合起来，在更高层次上探索生命现象及过程的规律，是一门交叉学科。但交叉学科是一门新的学科，它有什么特点？哪些内容属于交叉医学的范围？例如，生物医学工程是一门跨自然科学和工程学的新兴交叉学科，它在多大程度上属于交叉学科？它的交叉属性究竟如何？这些都值得进一步探讨。从逻辑上讲，交叉医学是由不同学科理论组成的系统，它的理论基础是建立在不同学科基础之上的。不同学科有自己的理论体系，如生物学研究生物的本质、生命活动及其规律；化学研究物质结构及其变化规律；物理学研究物质运动及能量转化规律。物理学、生物学、化学和计算机科学等学科，从不同角度和层次研究了生物系统及其过程，形成了各自的理论体系，并通过相互交叉和融合，共同构建了生命科学及医学学科。

其二，科研发展基金资助和评价模式单一化。依靠学校科研发展基金只能支持一些小规模的预研项目，部分重大、重点项目虽是热点领域，但对国际性大公司而言尚缺乏比较优势，对于高校来说，很难申请到国家级、省部级、校级的科研发展基金。因此，学校的科研发展基金重数量轻质量，对科研人员的激励效果较差。另外，项目评审专家不重视评审过程，高校也很难得到同行的认可。学校科研发展基金评审专家对项目的评审多为"一刀切"，如在科技奖励申报中，存在"一评定终身"的现象。而对于学校科研发展基金的评审专家来说，科研发展基金评审对其学术水平评价起着至关重要的作用。学校科研发展基金的评审，往往是从"唯项目论"转向"以人为本"，更加注重青年学者、青年学生等群体的发展。如何优化科研发展基金评审制度，引导学者正确对待科研发展基金，是高校急需解决的问题。科学研究是一个不断探索、积累经验的过程，只有遵循"继承与发展相结合""理论与实践相结合"的原则，才能使科研工作得到更好的发展，而这就需要在继承、积累和发展中不断进行理论创新和技术创新。而学校科研发展基金对科研工作的支持，正体现了"理论与实践相结合"的原则。因此，学校应该通过加强科研发展基金对高校科研工作的支持力度，促使高校教师在科研创新活动中更好地推动高校科研工作的发展。学校科研发展基金作为国家自然科学基金的组成部分，应积极发挥科研发展基金的杠杆作用，推动学校科研工作的高质量发展，充分体现"基础研究+技术创新+成果产业化"三位一体的功能，为高校科技成果转化提供资金保障。

其三，医工交叉的产学研转化链尚未形成。难以将基础研究的成果迅速、有效地转化为预防和医疗手段，这通常被称为"从实验台难以到病床旁"，在这些年的医疗器械国产化浪潮中，有一些产品（如体外诊断试剂），甚至整个产业都面临类似的问题。这是一个产业创新升级的过程，也是一个行业重新洗牌的过程，只有足够优秀的企业才能获得市场和资本的青睐。但是，这种创新升级并非一蹴而就，它需要整个行业的共同努力。从更高层面看，中国医疗器械行业要实现创新升级，就需要国家层面的政策支持。政府应当以更大的力度、更广的范围、更大的决心去支持科技创新，解决制约行业发展的关键问题。随着经济发展和居民生活水平的提高，人们对健康的重视程度越来越高，对医疗器械产品的需求也日益增加。这为中国医疗器械行业创造了一个巨大的市场，也为企业提供了难得的发展机遇[1]。

而我国医疗器械行业目前还存在很多问题。由于我国医疗器械行业起步较晚，大部分企业仍然处于产业链的中低端，其竞争力普遍不强，自主创新能力不足。部分企业还存在重生产、轻研发，重引进、轻创新，重数量、轻质量，重销售、轻服务等问题。在产品的研发和生产过程中，部分企业不注重产品质量和售后服务，市场竞争力差。另外，医疗器械行业发展过程中还存在一些监管滞后的问题，监管体系有待完善，比如国家对医疗器械的认证还存在标准不统一、准入门槛过低等问题。我国医疗器械行业的发展目前还存在一些深层次问题，包括技术水平不高、技术含量低、产品附加值较低等。此外，医疗器械的安全与质量还存在一些问题。医疗器械的不良事件暴露出医疗器械质量控制

---

[1]朱图陵，董理权，谢甘霖.辅助技术对健康的作用和应用[J].中国康复医学杂志，2021，36（7）：890-895.

体系不完善、研发和生产过程中存在缺陷等问题。另外，我国医疗器械的生产标准与国际标准存在一定差距，我国还需要进一步推广国际标准化。可以说，中国医疗器械行业要实现创新升级，就需要通过政府的支持和引导，让整个行业共同努力，不断提升中国医疗器械的整体竞争力。

其四，医工交叉教学和人才培养方面的融合难，是临床医学和工程学共同面临的一个难题。医学与工程交叉融合，能够为医学提供新的技术手段、方法和工具，更好地推动医学发展，更好地满足人们的健康需求。然而，由于医工交叉融合涉及的学科领域多、范围广，在具体实施过程中面临着诸多困难和挑战。例如，医学专业学生参与工程实践的积极性不高，难以找到合适的工程项目参与其中；医学专业学生的工程实践能力欠缺，难以培养出满足工程实际需求的应用型人才；医工交叉融合课程体系不够完善等。这些问题影响着医工交叉融合的成效。因此，通过加强医学与工程交叉融合课程体系建设、加强工程实践平台建设、强化医工交叉融合师资队伍建设、建立完善医工交叉融合管理制度等措施，提升医工交叉融合教学和人才培养质量，从而为促进我国医学和工程的融合发展提供支撑。同时，医工交叉融合还能推动工程教育改革，促进工程教育与医学教育的有机衔接。

近年来，随着我国经济社会发展水平不断提高，人民群众对健康的需求也在不断提升，医学与工程交叉融合已经成为大势所趋。随着新一轮科技革命和产业变革深入发展，医学与工程交叉融合的程度日益加深。同时，医学与工程的交叉融合也是促进医学进步、保障人类健康的重要途径之一。医学与工程的交叉融合，将促进医学与工程的融合发展，并不断提高临床医学和工程教育水平。因此，我国政府和相关部门高度重视医工交叉融合工作，并积极推动医工交叉融合相关政策和项目的出台。提高医工结合也面临着几个问题。

一是基础研究阶段医工结合学科融合不充分，在国家重点研发计划项目实施过程中，基础医学和临床医学融合程度不足。例如，在国家重点研发计划项目申报指南中，有多项内容与临床医学、健康科学相关。在项目管理过程中，存在重立项、轻过程的现象。例如，在国家重点研发计划项目组织实施中，项目负责人以任务书的形式向科研管理部门提交课题申请书。在项目立项后，研究团队通过组织实施该项目获得了很多原创性成果，但是并未与医学研究有效结合，缺乏临床病例的验证。同时，项目管理过程中存在重项目过程管理、轻项目结题验收的现象，对结题验收过程中发现的问题未进行深入分析并采取措施。在国家重点研发计划项目结题验收过程中，通过项目验收报告可以发现，虽然有部分课题成果已取得较好的经济和社会效益，但有些课题成果未与临床医学、健康科学有效结合，对临床医学工作及健康科学研究产生了一定的影响。在国家重点研发计划项目中，已立项的项目中有多项成果可与临床医学、健康科学有效结合，但这些项目未能在项目实施过程中发挥出其应有的作用。

二是应用研究阶段临床应用互动少，在临床应用阶段，临床研究的重要性不是很高，但是它对医生来说是一件非常重要的事情。因为只有医生才知道这个患者适不适合做治疗方案，医生才能知道这个患者适不适合做新的治疗方案。因此，医工结合，并不是说只有把临床医生培养成科学家以后，才能进行医工结合。而是先进行医工结合，然后再把医生培养成科学家。

三是科研成果转化难，一直是困扰高校科研人员的问题。究其原因，一方面是高校科研人员对市场需求认识不足，没有找到市场需求点和企业痛点，没有真正想办法解决企业的问题。另一方面，就是缺乏系统、完善的科技成果转化体系。事实上，科技成果转化难主要表现在三个方面：其一，科技成果质量不高；其二，科技成果转化机制不够完善；其三，科技成果转化渠道不畅通。近年来，高校科技创新能力显著提高，但高校科研人员"科研不缺想法，缺的是实现想法的办法"的问题依然突出。虽然一些高校科研人员在基础研究领域积累深厚，而企业又急需解决实际问题，但对于将基础研究成果转化为技术产品缺乏积极性和主动性。同时，高校科研人员还反映，由于科研项目一般周期较长，企业的研发需求与高校的成果转化在时间上不匹配。因此，在学校与企业之间建立畅通、便捷的沟通渠道是促进科技成果转化的关键。因此需要政府和企业共同发力，才能有效解决科研成果转化难的问题。

四是产学研用全链条不畅通，高校基础研究与企业需求融合不足，缺乏有效的对接机制。其一，产学研用全链条尚未形成。在国家战略布局下，企业创新主体地位未得到有效发挥，高校基础研究与企业需求融合不够，产学研用难以形成有效对接机制。其二，产学研协同创新平台建设滞后。部分区域以项目为纽带建立产学研协同创新平台，但并未起到促进作用。其三，科技成果转化激励机制不完善。财政资金支持方式单一，对转化科技成果的科研人员的激励不足，科研人员难以通过科研成果转化获得报酬，从而打击其从事科学研究的积极性。其四，科技成果转化激励机制不健全，科技人员奖励制度和绩效评价制度有待完善，在科技人员的绩效评价中对科研成果的转化收益或奖励部分关注较少，致使科研人员缺乏积极性和主动性。

二、"体医工融合"多元主体协同的相关假设提出

2008年，颁发的《中共中央、国务院关于促进残疾人事业发展的意见（中发〔2008〕7号）》提出要"保障残疾人享有基本医疗卫生服务""健全残疾人康复服务保障措施""健全残疾人服务体系"。[1]

2015年国务院印发的《关于加快推进残疾人小康进程的意见》提出要"健全残疾人权益保障制度，完善残疾人基本公共服务体系，使改革发展成果更多更公平惠及广大残疾人"。[2]

2018年，党的十九大报告提出"深入实施健康中国战略，需要从全生命历程、全健康服务、全人群保障等角度规划健康服务。""康复和健康促进的主要需求者是残疾人和老年人"。[3]此外，党的二十大报告明确指出："加快健全分层分类的社会救助体系，推进社会救助高质量发展，切实兜住兜准兜好困难群众民生底线，为全面建设社会主义现代化国家、实现第二个百年奋斗目标贡献力量"。[4]

"体医工融合"协同模式能够有效改善残疾人保障中存在的问题，提升残疾人日常生活质量，辅助残疾人健康管理等，这一点已经得到业界、监管部门的普遍认可。2016年，《"健康中国2030"规划纲要》提出："完善医疗机构无障碍设施，改善残疾人医疗服务。进一步完善康复服务体系，加强残疾人康复和托养设施建设"；[5] 2021年，《中国残联办公厅关于推进"互联网+"辅助器具服务工作的通知》中明确指出，将残疾人辅助器具服务纳入本地"十四五"基本公共服务、残疾人保障和发展等相关规划，采取有力措施。通过推动建立残疾人辅助器具适配补贴制度，加强残疾人辅助器具适配服务机构、人才队伍建

---

[1] 中共中央，国务院. 中共中央、国务院关于促进残疾人事业发展的意见［EB/OL］.（2008-03-28）［2023-11-07］. https://www.gov.cn/gongbao/content/2008/content_987906.htm.

[2] 国务院. 国务院关于加快推进残疾人小康进程的意见［EB/OL］.（2015-01-20）［2023-11-07］. https://www.gov.cn/gongbao/content/2015/content_2818452.htm.

[3] 房莉杰. 深入实施健康中国战略［EB/OL］.（2019-02-15）［2023-11-07］. http://theory.people.com.cn/GB/n1/2019/0215/c40531-30676977.html?ivk_sa=1024320u.

[4] 刘喜堂. 以党的二十大精神为指引 加快健全分层分类社会救助体系［EB/OL］.（2022-12-12）［2023-11-07］. https://www.mca.gov.cn/n152/n166/c47763/content.html.

[5] 中共中央，国务院. 中共中央国务院印发《"健康中国2030"规划纲要》［EB/OL］.（2016-10-25）［2023-11-07］. https://www.gov.cn/zhengce/2016-10/25/content_5124174.htm.

设，组织开展残疾人辅助器具精准适配服务行动等。全面推进残疾人辅助器具事业高质量发展，为提升残疾康复质量，以及满足残疾人对美好生活的需求作出积极贡献[1]。从残疾人对待"体医工融合"认知、态度，以及对"体医工融合"制度建设、残疾人利他动机等的识别，是能够深入分析"体医工融合"模式如何从供需双重的视角，对政府相关保障制度、政府有关服务供给、相关主体的利益行为、相关主体的认识构成、健康管理模式形成、残疾人生活质量提升，"体医工融合"模式的快速有序推进的重要意义。基于上述分析，本研究将进一步提出相关的研究假设。

假设1：政府服务残疾人的利他动机会正向影响残疾人群体对"体医工融合"的态度。

假设2："体医工融合"中相关主体的利己行为会负向影响残疾人群体对"体医工融合"的态度。

"体医工融合"模式改变以往残疾人对生活质量提升、健康管理模式的认知。残疾人基于"体医工融合"模式中的具体方式，以及对不同身体机能受限的人群具体需求的认知，会受到残疾人对"体医工融合"模式认知与接受态度的影响。从服务管理的理论出发，服务的结局将直接影响受众对此项服务的基本认知，为此，本书将提出如下研究假设。

假设3：残疾人群体对"体医工融合"的态度会正向影响残疾人群体对"体医工融合"的认知。

假设4：残疾人群体对"体医工融合"的态度会正向影响"体医工融合"相关制度的建设。

从供需双方的视角来看，一方面，"体医工融合"模式的需求方，最为关注的是有无相关保障制度，即医疗保险、政策支持、获取服务的便利性等。在"体医工融合"模式得到保障的情形下，残疾人才会去认识与了解"体医工融合"模式。另一方面，在残疾人群体对"体医工融合"模式具有一定了解后，"体医工融合"模式的服务供给方，为进一步提升残疾人日常生活质量，提升残疾人健康管理水平，尤其是在"体医工融合"模式深入发展过程中，聚焦于政策制度的人性化与可实施的前提下，形成能够连续性保障残疾人健康管理与

---

[1] 中国残联办公厅. 国家政策大力支持与推动我国残疾人辅助器具行业需求空间大[EB/OL]. (2021-04-19) [2023-11-07]. https://wenku.baidu.com/view/81554f5f081c59eef8c75fbfc77da26925c596e4.html.

日常康复的链条，进一步强化"体医工融合"模式的发展。基于此，本书进一步提出如下研究假设。

假设5："残疾人群体对"体医工融合"的认知会正向影响"体医工融合"相关制度的建设。

假设6："体医工融合"相关制度的建设会正向影响"体医工融合"的协同效果。

（本章节所提出"体医工融合"的多元主体协同的相关研究假设，如表3-1所示。）

表3-1 "体医工融合"的多元主体协同的相关研究假设

编号	假设的具体内容
假设1	政府服务残疾人的利他动机会正向影响残疾人群体对"体医工融合"的态度
假设2	"体医工融合"中相关主体的利己行为会负向影响残疾人群体对"体医工融合"的态度
假设3	残疾人群体对"体医工融合"的态度会正向影响残疾人群体对"体医工融合"的认知
假设4	残疾人群体对"体医工融合"的态度会正向影响"体医工融合"相关制度的建设
假设5	残疾人群体对"体医工融合"的认知会正向影响"体医工融合"相关制度的建设
假设6	"体医工融合"相关制度的建设会正向影响"体医工融合"的协同效果

第二节 "体医工融合"多元主体协同的概念模型构建

本节基于相关研究假设的提出，进一步构建了多元主体协同的概念模型，设置调查问卷，选择相应的调查样本，为后续章节奠定理论分析与样本选择的基础。

一、构建概念模型

在前述分析的基础上，将"体医工融合"模式的发展，与残疾人群体的双向互动关系视为一个发展系统，在系统核心关键要素解析、研究假设提出的基础上，进一步构建形成本文的概念模型，该模型基于前述的分析，最大化还原"体医工融合"模式、残疾人健康管理、提升残疾人生活质量这一迭代发展的系统全貌，为本书的后续研究奠定理论分析框架，研究将进一步构建如下概念模型，具体如图3-1所示。

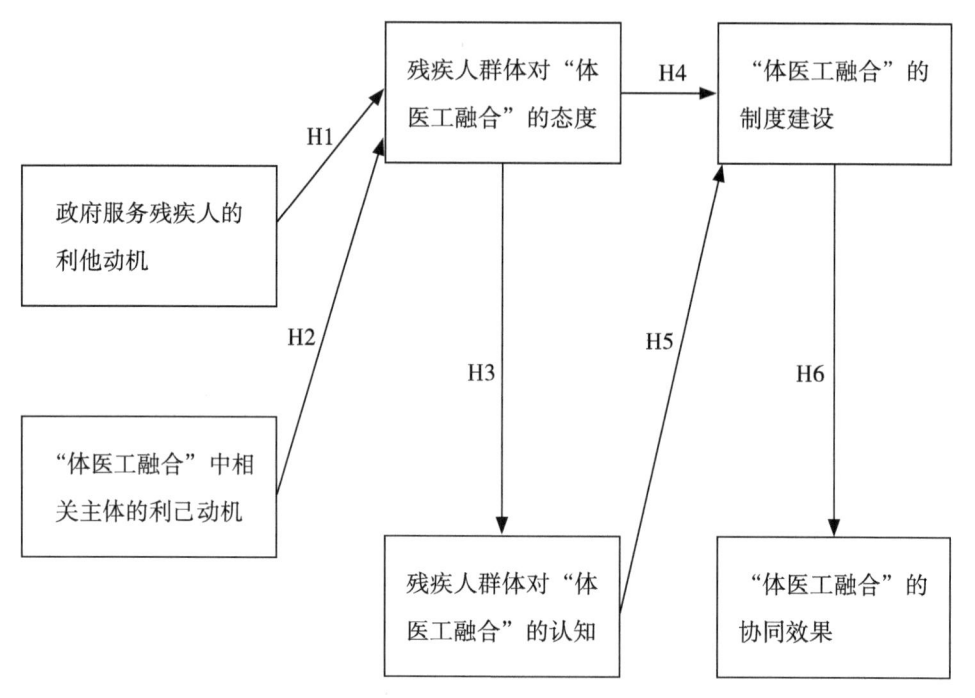

图3-1 "体医工融合"相关主体协同的概念模型构建

二、设计调查问卷

在上述概念模型的基础上，本书进一步对"体医工融合"相关主体协同的相关问卷进行设计，设计5分的量表，5分表示非常认同，1分表示不认同，具体测量问题如表3-2所示。

表3-2 "体医工融合"相关主体协同的调研问卷设计

目标	具体内容（1~5分，5分表示非常认同）
"体医工融合"相关主体协同的问卷设计	政府对残疾人服务的财政投入需要增加
	政府应该系统制定服务残疾人的相关保障政策
	对残疾人的政策倾斜能够提升社会公平建设
	完善残疾人社会保障配套
	政府应带领相关主体为残疾人服务
	相关主体在服务中需要考虑盈利
	对残疾人提供有偿的体育保健
	残疾人购买相应的辅助康复器具
	对残疾人提供有偿的增值服务
	相关主体需要注重品牌建设
	体医工相关主体协同会增加残疾人的幸福感
	"体医工融合"能够提升残疾人获取服务的便利程度
	"体医工融合"能够促进残疾人提升自身功能恢复
	体育保健能够提升残疾人体能
	医疗服务能够帮助残疾人对抗疾病
	辅助器械能够帮助残疾人提升机体功能
	"体医工融合"能够更有效地服务残疾人
	保障不同主体间合作的动力
	保障不同主体间的合作利益分配
	保障相关政策制度与时俱进
	保证医疗卫生与体方、工方合作效果
	保证体育联动医方、工方
	工方能够有效进入"体医工融合"的体系

三、选取研究样本

本研究选择抽样调查的方式,选择监管机构管理者、医疗卫生机构从业人员、康复师、相关企业从业人员、社区残疾人为问卷调查对象,发放200份调查问卷,问卷内容涵盖"体医工融合"发展的前期准备、政府财政支持、残疾人对"体医工融合"的认知情况、相关制度建设、对残疾人健康管理的支持作用等方面的23个题项,最终回收问卷192份,有效问卷190分,回收率96%,有效率99%。

第四章 "体医工融合"的多元主体协同模型构建与实证分析

> 本章基于"体医工融合"的相关理论，尝试构建促进残疾人健康事业进程中"体医工融合"协同创新发展的最佳模型，运用自然科学方法交叉进行"体医工融合"的实证研究，为促进残疾人健康事业"体医工融合"协同创新发展提供理论依据与实证支持。

第一节 "体医工融合"深度融合的结构方程模型构建

本文基于协同发展升级、Maslow需求层次与结构方程的相关理论，提出"体医工融合"模式发展的理论分析框架以及关键影响要素的分析模型。

一、设计模型测量指标

通过对国内外近5年相关文献的分析，本文采取德尔菲法与文献计量分析技术，在所设计的指标体系可测的基础上，进一步设计形成本文的模型的测量指标。结合前述分析基础，根据问卷设计对其相关问题进行汇总，进一步通过因子进行归类，为后续验证性因子分析奠定基础，具体如表4-1所示。

表4-1 "体医工融合"相关测量指标汇总

一级指标	二级指标	具体内容
政府服务残疾人的利他动机（AM）	财政投入AM1	政府对残疾人服务的财政投入需要增加
	现有政策AM2	政府应该系统制定服务残疾人的相关保障政策
	社会公平AM3	对残疾人的政策倾斜能够提升社会公平建设

（续表）

一级指标	二级指标	具体内容
政府服务残疾人的利他动机（AM）	社会保障AM4	完善残疾人社会保障配套
	主导行为AM5	政府应带领相关主体为残疾人服务
"体医工融合"的相关主体的利己行为（PM）	利益分配PM1	相关主体在服务中需要考虑盈利
	体育保健PM2	对残疾人提供有偿的体育保健
	辅助器械PM3	残疾人购买相应的辅助康复器具
	医疗服务PM4	对残疾人提供有偿的增值服务
	品牌建设PM5	相关主体需要注重品牌建设
残疾人群体对"体医工融合"的态度（AF）	幸福感AF1	体医工相关主体协同会增加残疾人的幸福感
	便利程度AF2	"体医工融合"能够提升残疾人获取服务的便利程度
	功能提升AF3	"体医工融合"能够促进残疾人提升自身功能恢复
残疾人群体对"体医工融合"的认知（PQ）	体育保健PQ1	体育保健能够提升残疾人体能
	医疗服务PQ2	医疗服务能够帮助残疾人对抗疾病
	辅助器械PQ3	辅助器械能够帮助残疾人提升机体功能
	融合认知PQ4	"体医工融合"能够更有效地服务残疾人
"体医工融合"的相关制度建设（AB）	合作动力AB1	保障不同主体间合作的动力
	利益分配AB2	保障不同主体间的合作利益分配
	其他AB3	保障相关政策制度与时俱进
"体医工融合"的协同效果（BI）	医疗卫生BI1	保证医疗卫生与体方、工方合作效果
	体育BI2	保证体育联动医方、工方
	工方BI3	工方能够有效进入"体医工融合"的体系

二、样本数据可信度检验结果分析

（一）样本可信度检验 AM1~AM5（标准：>0.8）

检验结果（表4-2、表4-3）。

表4-2 Case Processing Summary（案例处理总结）

Case category（案例类别）		N（数量）	%（百分比）
Cases（案例）	Valid（有效）	192	100.0
	Excludeda（排除）	0	0.0
	Total（总计）	192	100.0

Listwise deletion based on all variables in the procedure.（基于过程中所有变量的列表删除）

表4-3 Reliability Statistics（信度统计量）

Cronbach's Alpha（克朗巴哈系数）	N of Items（项目数）
0.928	5

（二）样本可信度检验 PM1~PM5（标准：>0.8）

检验结果（表4-4、表4-5）。

表4-4 Case Processing Summary（案例处理总结）

Case category（案例类别）		N（数量）	%（百分比）
Cases（案例）	Valid（有效）	192	100.0
	Excludeda（排除）	0	0.0
	Total（总计）	192	100.0

Listwise deletion based on all variables in the procedure.（基于过程中所有变量的列表删除）

表4-5　Reliability Statistics（信度统计量）

Cronbach's Alpha（克朗巴哈系数）	N of Items（项目数）
0.832	5

（三）样本可信度检验 AF1~AF3（标准：>0.8）

检验结果（表4-6）。

表4-6　Reliability Statistics（信度统计量）

Cronbach's Alpha（克朗巴哈系数）	N of Items（项目数）
0.866	3

（四）样本可信度检验 PQ1~PQ4（标准：>0.8）

检验结果（表4-7）。

表4-7　Reliability Statistics（信度统计量）

Cronbach's Alpha（克朗巴哈系数）	N of Items（项目数）
0.902	4

（五）样本可信度检验 AB1~AB3（标准：>0.8）

检验结果（表4-8）。

表4-8　Reliability Statistics（信度统计量）

Cronbach's Alpha（克朗巴哈系数）	N of Items（项目数）
0.934	3

（六）样本可信度检验 BI1~BI3（标准：>0.8）

检验结果（表4-9）。

表4-9　Reliability Statistics（信度统计量）

Cronbach's Alpha（克朗巴哈系数）	N of Items（项目数）
0.901	3

（七）所有测量变量的可信度检验（标准：>0.8）

检验结果（表4-10）。

表4-10　Reliability Statistics（信度统计量）

Cronbach's Alpha（克朗巴哈系数）	N of Items（项目数）
0.857	23

综上，通过上述分析可知，相关测量变量的可信度达到分析标准（>0.8），由此可以进一步对获取的数据进行下述分析。

三、因子分析的适用性测试

检验结果（表4-11）。

表4-11　KMO and Bartlett's Test*（KMO和巴特利特检验）

Kaiser-Meyer-Olkin Measure of Sampling Adequacy		0.822
Bartlett's Test of Sphericity（巴特利特球形度检验）	Approx. Chi-Square（近似卡方值）	4568.330
	df（自由度）	253
	Sig.（显著性）	0.000

*The sample is fit for the factor analysis by KMO& Bartlett test.（通过KMO和巴特利特检验可知，该样本适合进行因子分析）

特别值得注意的是，PM1与PM因子之间的路径系数小于0.6，说明PM1与PM因子之间的隶属度低，因此在删除PM维度中测量PM1路径的过程中PM1不属于PM。

验证性因子分析拟合效果，具体的LISREL结构方程分析软件分析部分拟合值如下所示。

CFI（Comparative Fit Index，比较拟合指数）=0.90（基准>0.9）

IFI（Incremental Fit Index，增量拟合指数）=0.90（基准>0.8）

GFI（Goodness of Fit Index，拟合优度指数）=0.68（介于0，1之间，越接近1拟合效果越好）

PNFI（Parsimony Normed Fit Index，简约规范拟合指数）=0.75（越接近1拟合效果越好）

具体如表4-12所示。

表4-12 验证性因子分析模型拟合效果指标

CIF	IFI	GFI	PNFI
基准>0.9	基准>0.8	介于0，1之间，越接近1拟合效果越好	越接近1拟合效果越好
0.90	0.90	0.68	0.75

注：本表通过LISREL结构方程分析软件分析后，将结果汇总构建此表

综上所述，结构方程模型初步拟合效果达到相关标准，可以进一步进行结构方程模型影响因素分析。

第二节 "体医工融合"的结构方程模型实证分析

本节主要对"体医工融合"的结构方程模型进行实证分析，根据分析结果对初始模型进行修正，为后续结构方程模型实证分析和讨论提供可靠的数据支撑。

一、结构方程模型初始模型分析结果

"体医工融合"初始模型的标准路径系数如图4-1所示。

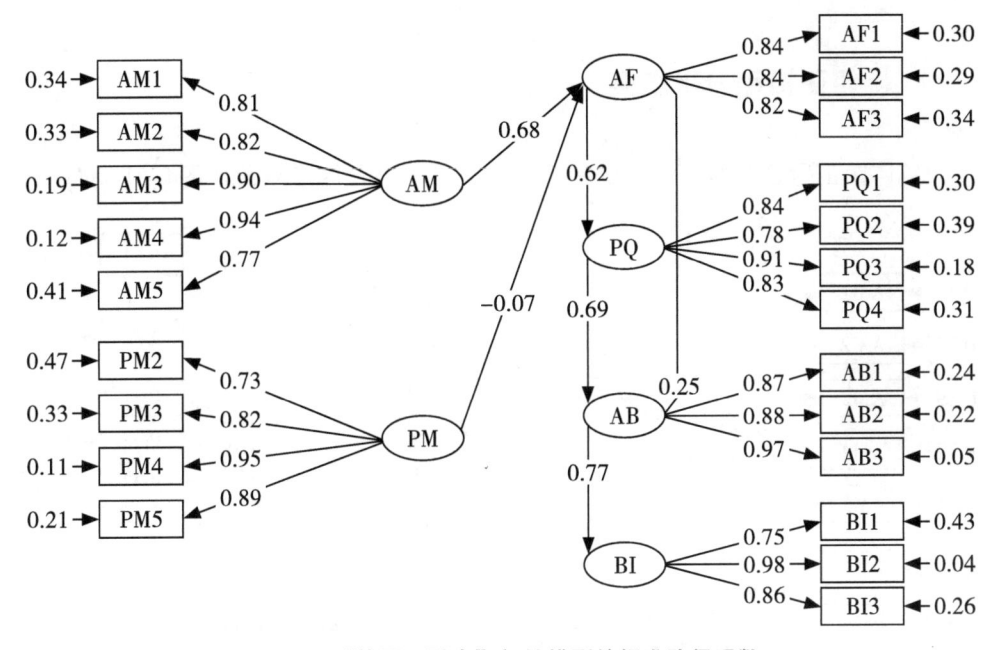

第四章 "体医工融合"的多元主体协同模型构建与实证分析

图4-1 "体医工融合"初始模型的标准路径系数

由图4-2可知，路径T值 PM→AF绝对值小于1.96，标准要求大于1.96，因此，根据模型要求需要删除PM→AF这条路径，然后得到修正模型。

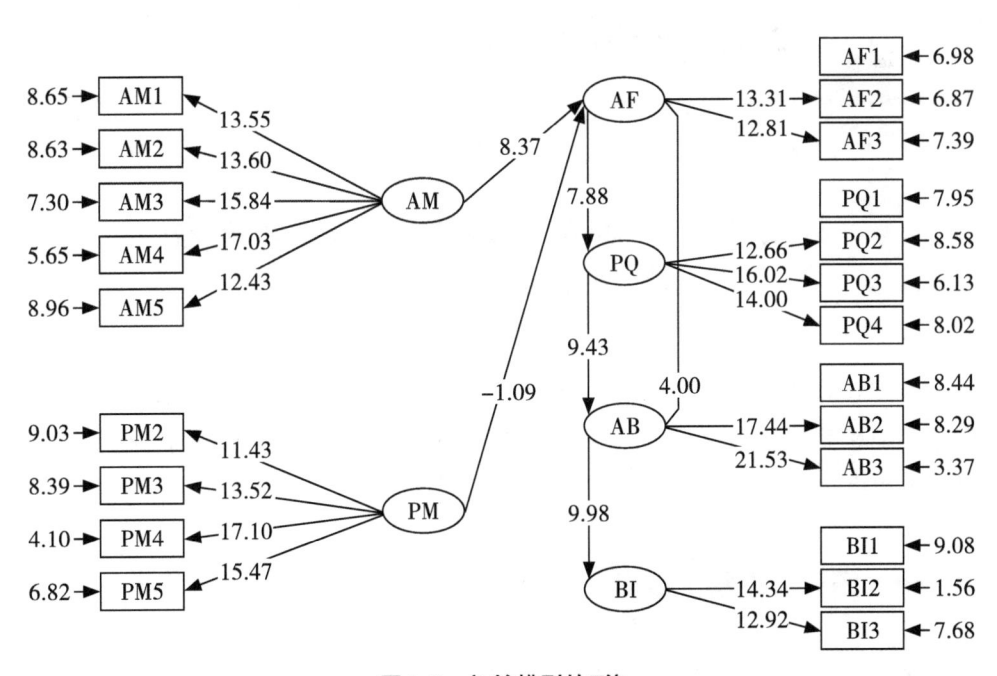

图4-2 初始模型的T值

113

二、修正模型分析结果

"体医工融合"修正模型的标准路径因子与路径因子载荷如图4-3所示。

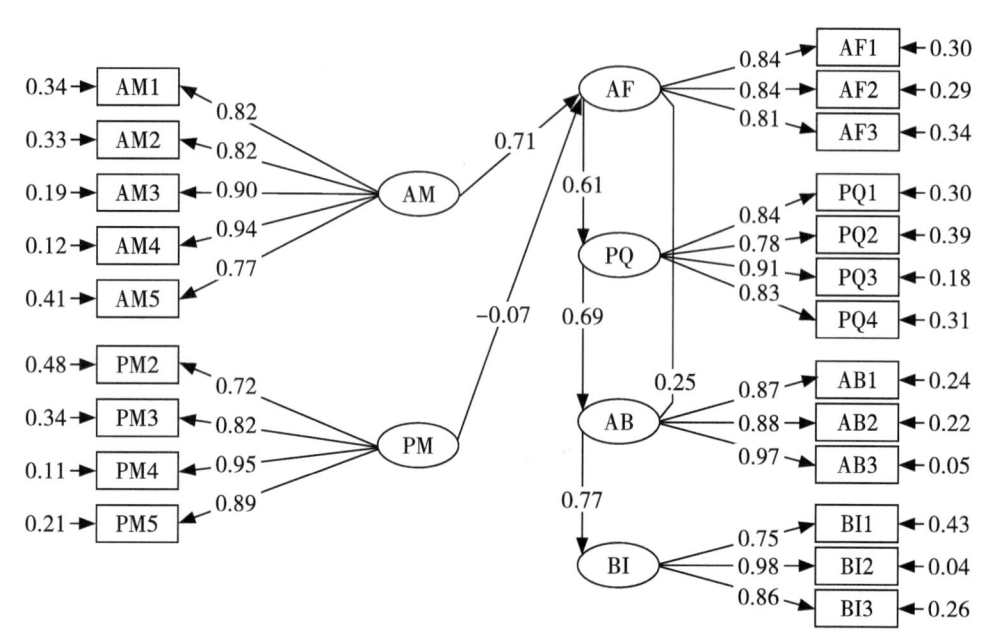

图4-3 修正模型的标准路径因子与路径因子载荷

第三节 "体医工融合"的结构方程模型实证结构讨论

本节通过对"体医工融合"的结构方程模型实证结构讨论,强调"体医工融合"中相关主体协同共治,需要政府、市场、社会多个主体通力合作,才能更好地实现"体医工融合"目标。

一、研究假设验证结果

通过前述实证研究分析得到研究假设验证结果,具体如表4-13所示。

表4-13 研究假设验证结果

编号	假设的具体内容	分析结果
假设1	政府服务残疾人的利他动机会正向影响残疾人群体对"体医工融合"的态度	通过
假设2	"体医工融合"中相关主体的利己行为会负向影响残疾人群体对"体医工融合"的态度	未通过
假设3	残疾人群体对"体医工融合"的态度会正向影响残疾人群体对"体医工融合"的认知	通过
假设4	残疾人群体对"体医工融合"的态度会正向影响"体医工融合"相关制度的建设	通过
假设5	残疾人群体对"体医工融合"的认知会正向影响"体医工融合"相关制度的建设	通过
假设6	"体医工融合"相关制度的建设会正向影响"体医工融合"的协同效果	通过

二、研究假设验证结果分析

在前述分析中,"体医工融合"中相关主体的利己行为会负向影响残疾人群体对"体医工融合"的态度,这一假设并未得到验证,其原因在于现有规制体系下,为了实现公共利益的目标,政府、市场、社会等多元主体通过协商,化解冲突和矛盾,持续共同治理公共事务的过程。"体医工融合"涉及多个利益群体,这就要求政府在处理各相关主体的公共事务时,既要保障弱势群体的权益,又要促进社会整体利益最大化。同时,在多元利益主体中,残疾人作为一个特殊的弱势群体,其获得的关注程度与社会整体的福利水平紧密相连。因此,在"体医工融合"中,政府应当将对残疾人群体权益和整体利益的保护放在首要位置。从残疾人权益保障的角度看,我国《中华人民共和国残疾人保障法》《残疾人就业条例》等法律法规,以及各地方政府制定的相关政策都对

"体医工融合"提出了相应的要求，保障了残疾人群体的权益。然而，在现实中，由于缺乏可操作性和有效的监督机制，部分法律法规及政策在执行过程中存在不规范的现象。因此，要使"体医工融合"在残疾人群体中落到实处，除了加强对残疾人群体的法律保护外，还应当建立健全相关监督机制。

在"体医工融合"中，政府的公共服务职能主要体现在两个方面。一方面，加强对弱势群体权益的保护。政府不仅要为弱势群体提供基本的社会服务，以满足其基本生活需求；而且要为其提供更加专业的健康管理服务。另一方面，促进弱势群体融入社会。当前，我国残疾人就业问题已经成为社会关注的焦点。在"体医工融合"中，政府既要促进残疾人群体融入社会，也要为其提供良好的就业环境与平台。

从残疾人权益保障角度看，在"体医工融合"中，政府应当发挥其公共服务职能。一方面，政府应建立健全相应的监督机制和问责制度；另一方面，政府还应为残疾人就业创造良好的工作环境与平台。政府作为社会治理中的主体之一，是"体医工融合"中最重要的公共服务主体之一。在"体医工融合"中，政府需要发挥其重要作用。在这一过程中，"体医工融合"相关主体有利己行为，并不影响残疾人群体对其的态度，因为残疾人群体更关心的是在相关主体的协同创新下，其康复水平的提升。在以"体医工融合"为代表的新理念下，相关主体通过将运动与健康、医疗、工程技术相结合，为残疾人群体提供更优质的服务，而残疾人群体也通过自身参与"体医工融合"过程，在促进自身功能恢复的同时获得社会的认可。人们对于残疾人群体的态度也随着社会发展而变化。比如，在我国古代，人们对残疾人群体的态度是"折肢为杖""折臂为手"，表现出人们对残疾人群体的不认可。而在现代社会，随着"体医工融合"理念的发展，人们对残疾人群体的态度发生了转变，不再将其看作是残障人士，而是将其看成是平等、健康、发展的人。因此，"体医工融合"理念下的残疾人群体，也在这种社会发展过程中得到了一定程度的认可。这种转变是社会发展的必然趋势。

从政府层面来看，"体医工融合"政策制度的完善，能够加强对相关主体的约束，提高参与度与合作效率；从市场层面来看，"体医工融合"的相关主体能够建立良性合作关系；从社会层面来看，"体医工融合"能够提高各主体参与度与协同效率。在上述分析中，相关制度建设不会影响"体医工融合"对残疾人群体的影响程度，这一结论也已得到相应验证。"体医工融合"相关主体之间存在着利益冲突和矛盾，但其在解决矛盾过程中能持续协同合作。以残疾人群体为例,当残疾人群体参与"体医工融合"项目时,能够从政府部门那里获得经济上的优惠和政策上的支持。此外,对于其他假设,实证结果均已得到相应的验证,研究进一步指出,"体医工融合"中相关主体协同共治,需要多个主体通力合作。通过上述研究,可以得出如下结论:"体医工融合"的运行是一个由政府、市场、社会三个主要主体共同作用的复杂系统,只有三者之间紧密合作才能更好地实现"体医工融合"的目标。

  政府是"体医工融合"中的重要主体之一,主要通过政策、法规、标准等进行宏观调控。市场作为一个特殊的治理主体,通过对资源配置、优化资源配置等方式影响"体医工融合"中的相关主体。社会组织在"体医工融合"中发挥着重要作用,作为社会主体之一,其自身所具备的自主性和自律性在很大程度上影响着"体医工融合"中相关主体之间合作程度。"体医工融合"是一个多元主体共同参与的治理过程,政府、市场与社会三大主体各具优势,且在一定程度上可以进行互补和资源共享。政府需要充分发挥其宏观调控作用,在制定政策时,注意其导向性和统一性;市场与社会需要发挥自身优势,并结合各自优势互补。"体医工融合"中涉及多个部门,如体育、卫生、教育等多个部门都具有不同的职能特点,因此需要各部门之间协同合作,加强沟通交流。"体医工融合"中涉及多个主体协同治理,每个参与主体都有自己的利益诉求和目标导向。

  "体医工融合"中需要协调好各主体之间的关系,充分发挥好各自作用。例如"体医工融合"中涉及残疾人康复需求、就业需求等问题,在不同阶段需要不同参与主体间协同合作,才能更好地为残疾人服务。总的来说,相关主体之间协同合作,建立适合各个参与主体的协同治理机制、运转协调机制,最终达到整体协同为残疾人群体服务的目标。实证结果显示,政府、市场、社会三个参与主体在"体医工融合"中的协同作用对残疾人康复效果的影响程度有所不同:政府在"体医工融合"中的协同作用对残疾人康复效果有显著的正向促进作用,这也验证了"体医工融合"中的政府干预作用。医疗机构与体育机构之间的协同治理对残疾人康复效果有显著的正向促进作用,这与之前学者关于政府调控在"体医工融合"中发挥作用的研究结论一致。市场、社会在"体医工融合"中同样也起到重要的协同作用。社会组织能够在"体医工融合"中发挥重要作用,这一结论进一步得到验证。

  在研究中可以发现,政府主导对于"体医工协同"效果具有正向影响作用,主要表现在以下几个方面。

第一,政府主导能够加快相关主体间的融合,打破行业壁垒,为各主体提供政策支持和财政支持,降低企业运行成本。此外,政府主导还能够为各主体提供沟通渠道,打破信息传递过程中的阻碍,提高信息传递的效率,提高残疾人群体对"体医工协同"的认知水平。

第二,残疾人群体的认可对于"体医工融合"具有正向影响作用。作为主要受众,残疾人群体对"体医工融合"的认可,能够促进相关主体间协同的速率,从而提升整体效果,促进"体医工融合"的进程。针对"体医工融合"在我国社会中的发展现状,要想促使"体医工融合"进一步发展,需要提高相关主体对"体医工融合"的重视程度,提升"体医工融合"在我国社会中的发展速率。当前主要还存在以下问题:对"体医工融合"的认识不足;相关主体在"体医工融合"中的角色定位不明确;"体医工融合"在我国社会中发展的外部环境有待提升。

第三,相关政策制度能够保证"体医工融合"过程中相关主体的利益不受侵害,增强主体间的合作动力,降低阻力,为主体间的合作、利益分配、资源配置提供相应的制度保证。在"体医工融合"的实践中,还需要在以下两个方面加以完善。一是建立完善的利益分配制度,推动各主体间的合作。各主体在"体医工融合"过程中,需要明确自身的利益诉求、合理实现各自的利益,从而更好地促进"体医工融合"的发展。二是建立完善的资源配置制度,为"体医工融合"发展提供充分的保障。在"体医工融合"过程中,需要为"体医工融合"提供资源保障,通过资源配置,促进不同主体间的资源共享与合作,提高资源使用效率。此外,相关制度建设,能够加强对各主体的约束,使各主体减少利己行为,提高参与程度,提升合作效率,降低交易成本。从市场层面来看,相关主体的"协同"共治能够促进各主体之间的合作、利益分配等方面的沟通机制建设;从社会层面来看,"体医工融合"项目能够有效促进政府、市场、社会等相关主体间的合作效率;从残疾人群体层面来看,在相关制度建设下,残疾人群体能够得到有效的康复服务。基于此,可以得出相应的结论:促进相关制度建设是提高"体医工融合"相关主体协同治理能力的重要途径之一。

第五章 "体医工融合"协同创新对策

> "体医工融合"具有重要的时代意义和实践价值，对全面建成小康社会、健康中国建设具有重要指导意义。本章基于"体医工融合"的多元主体协同模型构建与实证分析，从中观与微观相结合的层面，对"体医工融合"协同创新展开全面、深入的探讨，为促进残疾人健康事业"体医工融合"协同创新发展指出具体路径和对策，助力全民健康和健康中国建设。

第一节 提高对"体医工融合"的认识

"体医工融合"是新时代国家战略发展的一项重大决策，是在健康中国、体育强国等国家战略的推动下，由体育、医疗和工信三大部门联合推动的一项系统性工程，涉及教育、科技、健康等多个领域。本节从加强顶层设计、发展体育事业、制定政策法规等层面，为推动"体医工融合"提供了思路。

一、"体医工融合"存在的主要问题

目前，我国在体教结合、体医结合、工信融合等方面已取得一定进展，但"体医工融合"整体上仍处于起步阶段，存在以下主要问题。

首先，"体医工融合"缺乏顶层设计，政策引导力度不足。近年来，国家系列政策文件和标准规范的出台推动了"体医工融合"的发展。体育部门与卫生、科技、教育等部门积极合作，在体育人才培养方面做了大量工作，如推动了体育院校建设和招生规模不断扩大，建立了运动人体科学国家重点实验室和体育院校及相关机构，支持在高校开展科研攻关和人才培养项目，在高校推广"运动处方"等管理办法，对全民健身专项活动、中小学体育项目开展情况进

行评估。但体育部门对"体医工融合"的关注程度不足，教育部门对体育专业人才培养力度不够，科技部门的体育科研水平不高，卫生部门对健康服务重视不足，总体上未能将"体医工融合"纳入"健康中国"战略规划，仍缺乏政策法规、标准规范和管理运行等方面的顶层设计。

其次，"体医工融合"相关机构不健全，融合工作效率低。我国缺乏国家层面的"体医工融合"管理机构，政策法规、标准规范和管理运行方面仍不够健全，各职能部门间相互协作联动机制不够完善，未建立起有效的沟通协调机制，导致"体医工融合"工作效率低下。

再次，"体医工融合"资金投入不足，资金来源渠道单一。虽然近年来国家层面出台了一系列扶持政策，但资金来源渠道单一、支持力度不足的问题依然突出，财政资金投入与社会资本投入仍存在差距。

最后，"体医工融合"人才严重不足，队伍建设有待加强。当前，体育与医疗卫生领域人才培养的合作机制尚未建立，科技创新平台建设、人才队伍建设仍有待完善。

综上可以看出，在"健康中国""体育强国"等国家战略的推动下，"体医工融合"作为一项系统工程，将在未来一段时间内快速发展。然而，当前我国"体医工融合"仍然处于起步阶段，各部门之间的资源尚未形成高效共享机制，各自为政的现象仍然存在，政策引导力度不够、资金投入不足、人才培养体系不健全等问题依然突出，"体医工融合"发展存在一定障碍，体制机制尚未完全理顺，体医融合服务效率低。因此，应充分认识"体医工融合"的重要性和紧迫性，加快推进体医工融合建设。

二、从顶层设计角度出发，加快推进"体医工融合"

推进"体医工融合"既是实现体育强国、健康中国战略的重要抓手，也是促进体育产业转型升级、带动体育产业高质量发展的重要途径，对丰富人民群众的体育文化生活、优化经济发展方式、促进经济社会协调发展具有重要意义。各省市人民政府办公厅就关于加强体医融合健康促进工作采取了若干推进措施，深入推进体医融合基础理论研究，支持体育、卫生健康、中医药等部门和单位研究建立体医融合的基础理论和应用理论，构建符合我国国情和体育发展规律的体医融合政策法规体系、标准规范体系、管理运行体系和服务保障体系，为推动体育与医疗卫生领域的深度融合提供科学指导和技术支持。对此，应加强顶层设计和统筹规划，从政策法规、标准规范、管理运行等方面入手推进"体医工融合"发展。

一是加快推动"体医工融合"，制定促进"体医工融合"发展的指导性文件，进一步明确"体医工融合"的范围，从场地设施建设、专业人才培养、科技成果转化等方面全方位推进。将"体医工融合"纳入"健康中国"战略规划，明确体育与医疗卫生领域深度合作的方向。加快推进《全民健身条例》《公共文化服务保障法》《体育法》等法律法规的修订工作，并在社会组织管理制度中增设体育和健康产业专章，以确保"体医工融合"在国家立法中得到体现和落实。加快构建"体医工融合"的标准体系，制定体育与医疗卫生领域的技术标准、管理标准等，以规范"体医工融合"发展的标准。

二是加强对"体医工融合"的顶层设计和统筹协调，加强部门间协调配合，推动体育行业与医疗行业的合作，推动医疗器械设备企业和体育健身企业协同发展。

三是完善"体医工融合"人才培养的合作机制，加强体育与医疗卫生领域人才培养的合作。支持高水平体育专业院校开设健康管理与服务相关专业或方向，培养复合型人才。支持高校与体育医院联合培养复合型人才。鼓励医疗机构面向高校开展大学生实践与竞赛活动。支持体育医院和医疗机构在人才培养、科研创新等方面开展合作。

四是进一步完善体育科技创新平台建设，重点围绕"健康中国"战略中涉及的体医融合关键技术领域，开展创新攻关，提升"体医工融合"发展的科技创新水平。支持高校、科研机构与医疗机构联合建立产学研协同创新平台、公共服务平台和产业孵化基地等；鼓励医疗机构设立科研实验室，与高校共建研发中心，加强科技成果转化力度。

五是加大政策扶持力度，支持和引导社会力量兴办健康服务产业实体，推动健康服务业向规模化、规范化、网络化方向发展。鼓励符合条件的健康管理服务机构在主板、创业板等市场上市。培育一批具有创新能力的骨干企业和具有核心竞争力的行业领军企业。

六是充分发挥市场机制作用，调动社会力量参与健康服务业发展的积极性，鼓励和支持有条件的体育企业和社会资本采取多种形式参与健康服务业的投资、开发、经营活动。积极培育运动康复等新兴业态，对面向大众提供运动健康服务的机构进行扶持。鼓励各类企业结合自身优势，积极探索"互联网+健康服务"的新模式，加快形成健康服务业发展的新动能。

七是在各级卫生行政管理部门、体育行政管理部门设立健康管理服务工作机构。在医疗卫生机构中设立兼职的健康服务工作人员，建立健全健康教育和医疗服务机构之间的合作机制。

八是坚持市场主导、政府引导、社会参与的原则，通过政府购买服务等方式，发挥好相关科研院所和技术转移中心的作用，开展面向社会公众的体医融合项目和健康管理服务，培育和扶持健康管理服务机构开展运动健康促进服务。

三、从体育事业角度出发，做好全民健身活动

体育事业必须为全民健康服务，这是基本国策。在体育事业中，必须融入医学知识和科学理念，以提高全民健康水平为目标，构建全民健身公共服务体系。

第一，提高体育意识。体育是一种文化现象，它与医学的关系密不可分。从民族发展史来看，中华民族体育文化博大精深，底蕴厚重。同时，中华民族拥有强大的凝聚力，在几千年的历史长河中始终坚持和倡导团结、友谊、和平。这些都表明中华民族有着坚强毅力和强大的生命力，这是体育事业必须继承和发扬的优良传统。党和国家十分重视体育事业，尤其自21世纪以来，体育掀起热潮并成为一种健康的生活方式。全国体育运动会、群众体育活动、基层全民健身指导等系列大型和小型多样相结合的特色全民健身活动广泛开展，内容健康向上、形式贴近群众的各种民族传统体育项目层出不穷，丰富多彩。武术、太极拳、登山、竞渡、垂钓、秧歌、高跷等民族传统体育项目深受广大群众喜闻乐见，吸引他们积极参与，民族、民俗、民间体育项目在各地得到传承和保护，扩大了中华体育文化的影响力[1]。

随着全面建成小康社会深入推进和人民群众生活水平进一步提高以及休闲需求快速增长，群众体育在内容上更加注重身体素质培养和综合素质提高，在形式上更加注重多样化、普及性，在组织上更加注重规范化、常态化。与此同时，群众健身意识、运动技能水平提高和体育活动方式多元化发展，对体育设施建设、科学健身指导、运动环境及服务质量提出了更高要求。因此，只有把群众体育纳入社会发展全局，纳入经济社会发展规划，纳入政府公共服务职能，纳入精神文明建设、文化建设之中，才能使群众体育与健康事业、体育产

---

[1] 高丽，张忠楼，吴震. 山东民俗体育与特色旅游的融合发展研究［M］. 北京：人民体育出版社，2020.

业有机结合起来，使群众体育得到长远发展。

第二，加强体育设施建设。体育设施是开展群众体育的基本条件，没有完善的体育设施就不能开展全民健身活动，也不可能提供高质量的健身指导服务。首先，要加强体育场地设施建设。在新建小区、大型公园、新建商场等地要配建符合标准的多功能全民健身场地设施。其次，要积极推进农村公共体育场地设施建设。结合"美丽乡村"建设，加强对农村体育场地设施的建设，对一些经济欠发达的地区，可以通过政府投资、社会捐赠等方式，筹集资金加大对农村公共体育设施的投入。最后，要加强公共体育设施建设。随着我国经济社会发展水平不断提高，城乡居民生活质量也在不断改善，人均体育场地面积也在不断增加，因此，切实加强公共体育设施建设，改善城市的布局结构，优化城乡环境，为群众提供良好的健身活动场所十分重要。

第三，丰富群众健身活动形式。群众体育的目的是通过广泛开展群众喜欢、便于参加的体育活动，让更多的人享受到健身带来的快乐。开展全民健身活动，首先要激发全民参与的热情和兴趣，注重创新，做到人无我有、人有我优、人优我特、人特我转，形成百花齐放的局面。群众体育活动开展得好不好，不仅要看全民参与度高不高、规模大不大，还要看有没有特色、有没有亮点。2017年元旦期间，中央电视台在《新闻联播》中报道了杭州首届中国大学生体育运动会的举办情况。这是由大学生体育协会主办的一场体育盛会，为大学生提供展示自我风采、提高体育素质的平台。为深入宣传推广新修订的《体育法》，进一步推动构建更高水平的全民健身公共服务体系，集中展示全民健身工作的成就，充分展现群众体育蓬勃发展的态势，国家体育总局每年8月8日在全国范围内组织开展"全民健身日"主题活动。活动期间，全国各地积极谋划实施方案，设计活动主题、活动内容和组织渠道、方式，努力使组织开展的活动与群众日常健身活动有机结合，强化各级政府体育服务职能，提供更多健身机会，提升体育公共服务水平，提供让老百姓乐于参与的方式，使节日的健身乐趣惠及广大人民。全民健身活动的开展适应人民群众体育的需求，进一步发挥体育的综合功能和社会效应，丰富社会体育文化生活，促进人的全面发展，是健康中国战略和全民健康理念的集中体现，更是促进中国从体育大国向体育强国目标迈进的现实需要。

第四，加强科学健身指导服务。科学健身指导工作在体育工作中具有十分重要的作用。

2024年，国家体育总局印发的《2024年群众体育工作要点》中提出："加强社会体育指导员队伍建设，广泛开展全民健身志愿服务。以社会体育指导员制度实施30周年为契机，结合重要时间节点，组织社会体育指导员科学健身指导和交流展示活动。"[1]充分发挥体育指导员在健身活动中的指导和引领作用，加强其科学健身技能培训和指导，在提升大众科学健身素养和运动能力水平、提高全民健康水平、增强人民体质、推动社会经济发展等方面具有不可替代的作用。广大人民群众要积极参与健身活动，自觉养成经常锻炼的习惯，养成良好的生活方式，体育指导员要通过提供科学健身指导和服务，满足人民群众对运动健康的需求。

第五，加强体育科研。目前，全国一些高校已经开始探索在体育学科中进行医学教育，通过开设体育医疗保健课程、开展健康教育活动等途径，提升体育专业学生的健康知识。同时，全国体育系统、医疗卫生系统、高校在加强相关学科建设、开展相关研究工作，特别是"体医工融合"方面也取得了新进展。但仍存在机理不清、效应有限的问题，亟须探讨以强化体医工深度融合，探索实现体育科研创新性发展的机制和路径。

一是加强"体医工融合"工作，发挥高校、医院和科研机构的作用，形成在体育研究领域内开展医学和健康科学研究的合力。二是加强对体育人才的培养、支持和引进力度。三是加强体医融合领域专家、学者间的交流，形成具有国际视野、专业水准和社会影响力的研究队伍。四是充分发挥各级各类科研机构在相关研究领域中的引领作用。五是通过多种方式进行宣传教育活动，培养全民健身意识。六是广泛利用互联网手段开展科学健身指导服务工作。总之，要把"体医工融合"贯穿体育研究工作的各个环节。

第六，加强专业人才培养。现阶段，国家对高素质人才的培养和专业技术人才的培训越来越重视，《国务院办公厅关于深化医教协同进一步推进医学教育改革与发展的意见》，明确提出"建立健全适应行业特点的医学人才培养制度，完善医学人才使用激励机制，为建设健康中国提供坚实的人才保障"。[2]

文件对培养和培训医学人才提出了明确要求，一方面，要在医疗卫生机构中设置兼职的健康管理服务工作人员。鼓励各级各类医疗卫生机构通过政府购

---

[1] 国家体育总局.《2024年群众体育工作要点》印发——唱响"全民健身与奥运同行"主旋律.[EB/OL].（2024-02-29）[2024-09-08].https://www.sport.gov.cn/n20001280/n20001265/n20067533/c27522799/content.html.

[2] 国务院.国务院办公厅关于深化医教协同进一步推进医学教育改革与发展的意见.[EB/OL].（2017-07-03）[2023-11-07].https://www.gov.cn/gongbao/content/2017/content_5213175.htm.

买服务等方式，设立健康管理服务工作机构，支持各类企业根据自身优势，开展运动健康促进项目和健康管理服务工作，鼓励社会力量参与相关领域研究和相关人才的培养。同时在条件成熟时，可以在高校开设体育与健康管理相关专业课程，加强人才队伍建设，各级各类医疗卫生机构要培养一批既懂医学知识又懂体育知识的复合型人才，将这些人员充实到基层医疗卫生机构工作岗位，加强组织管理工作。另一方面，加强"体医工融合"理论与实践研究和总结推广工作，做好宣传和引导工作。体育部门和卫生行政部门要加强沟通，相互配合，充分利用电视、报刊等媒体广泛宣传体育发展和"体医工融合"的重要意义，积极开展群众性体育活动，引导群众开展有益身心健康的运动和锻炼。

四、从政策法规层面出发，规范体育产业

体育产业是体育事业的重要组成部分。体育产业的发展涉及多个方面，既有政府的主导，也有企业的参与。体育产业在社会经济中的地位越来越高，已经成为推动经济发展的重要力量，全球体育产业规模持续扩大，其中2019年达到1.6万亿美元。我国在政策层面也逐渐加深了对体育产业发展的重视程度，从宏观层面提出了体育产业发展的战略规划。不过由于体育产业涉及范围较广，并且目前还处于快速发展期，因此在政策法规方面还存在着一些不足。近年来，国家相继出台《关于加快发展体育产业促进体育消费的若干意见》《关于加快发展健身休闲产业的指导意见》等一系列政策，从宏观层面推动体育产业的发展。随着我国经济社会的全面恢复常态化，以及体育竞赛和健身服务行业的发展，体育市场正在迅速扩容，预计到2025年，我国体育产业规模将达到5万亿元，增加值占国内生产总值比重达到2%，居民体育消费总规模超过2.8万亿元，从业人员超过800万人。2023年，中国体育赛事重新步入正轨，成都大运会、杭州亚运会成功举办，马拉松热重新回归，端午节的龙舟赛、引发上亿网友关注的"村超"和"村BA"等赛事，都成为体育行业新的亮点。但由于体育产业所涉及的领域很多，如体育赛事、体育用品、体育旅游、体育健身、体育科技、体育服务等，且体育健身市场、智能健身设备、电子竞技市场目前还处于快速发展期，在一定程度上均存在着政企不分、部门分割的现象。因此在国家相关政策法规和监管体系还不完善的情况下，体育产业发展仍存在一定问题。

第一，一些地方政府缺乏对体育产业发展的认识，相关政策法规制定不足。如有些地方政府认为体育产业是当地经济增长的动力之一，只要有地方政

府的支持就会去发展体育产业，却没有认识到当前全球经济不稳定、通货膨胀和利率上升等因素导致体育产业面临投资减少、成本增加、收益减少等挑战。同时，随着我国经济发展进入新常态，科技进步带来了新的商业模式和竞争者，对传统体育产业造成冲击，社会大众对科技体育产品与服务的需求越来越大，例如虚拟现实技术、人工智能等在体育领域的应用，但我国现行体育产业政策体系缺乏对现代新型产业发展模式的深度认识和全面把握。

第二，当前我国政府在大力促进"大健康""大体育""大文旅"等相关产业发展的同时，还没有明确指出其与医学和健康教育之间的关系。当前，随着人们健康意识的提高和全民健身运动的普及，运动康复市场需求不断增长。据行业内人士估算，大约有20%的人一年会经历不同程度的伤痛，意味着有1亿人需要运动损伤和疾病方面的治疗和服务。运动康复市场规模从2017年的87.37亿元增长至2021年的190.56亿元，年复合增长率（CAGR）达到21.53%。到2023年，中国的康复医疗市场规模将会突破700亿元，显示出运动康复行业的快速增长态势。此外，运动康复正在从面向职业运动员的小众市场向为运动爱好者和更广泛的人民群众提供服务的大众市场发展。华体集团董事长顾灏宁讲道："2024年一定是充满希望的一年，这种希望正是基于中国体育产业的新机遇，体育产业发展与大众健康意识提升形成越来越紧密的结合"。以运动康复、健康管理等服务为重点，开发针对不同人群的运动健康产品，满足大众对健康生活方式的追求，成为体育产业未来发展的重要方向。按照体育强国和健康中国建设的要求，社会对于更贴近民众、社区的中小型便民体育设施的需求也将大大增加。从发达国家政府促进"大健康"和"大体育运动"方面已经取得了巨大成功经验来看，只要抓住了大众健康这个关键环节，就能够以点带面带动整个市场发展。而我国目前政府对"大健康"和"大体育运动"相关产业发展缺少政策引导，面临着人才培养、市场认知和政策支持等方面的挑战。如在"大健康"的产业发展中，目前体育产业由于缺乏统一规划和有效引导，没有充分发挥自身优势，开发过程中管理、组织、协调、服务、市场尚未实现一体化，在资源整合、产品研发、营销推介、服务管理等方面尚未明确各自功能定位，未能因地制宜，强化特色、功能定位，造成市场资源浪费和产业效益低下。

第三，缺乏与之配套的相关法律法规。现有的一些法律法规与政策措施还不够完善，造成体育产业发展在一定程度上受到制约。如在对体育产业发展进行顶层设计时，缺乏足够的法律依据，对体育产业的监管不到位，使体育产业健康有序发展受到限制。对于促进体育产业发展的财税政策也缺少法律依据，导致有关部门在制定实施过程中遇到很多困难。如体育用品出口退税政策等一些政策缺乏法律依据，而导致相关政策无法执行；一些地方政府对于社会资本进入体育领域还缺乏相应的监管措施。

第四，缺乏有效监管体系使得部分资本通过打"擦边球"或不正当竞争等手段来获取不正当利益或造成安全事故，也使得一些不法行为无法被及时发现并得到有效打击。如在一些冰雪运动场地和相关服务项目中出现了"不规范"现象：场地没有经过相关部门验收就投入使用，造成了安全事故；一些项目赛事由于缺乏完善的管理体系和有效的监督机制，导致出现各种乱象，如运动员私自带手机到赛场上使用、在比赛中吃东西、在比赛场上吸烟等。

第五，目前我国还没有形成一套完整的体育产业服务体系，体育产业市场体系的建立还需要很长时间。如在体育用品制造领域，相关企业规模小、缺乏竞争力、创新能力差、产品同质化严重、品牌知名度低，这些问题都成为制约我国体育用品制造业发展的重要因素。在体育服务领域，由于缺乏统一的规范和标准、行业协会不够健全，在竞争中出现价格混乱现象。此外，目前我国体育产业市场的发展还不够规范，在体育服务业中存在着虚假宣传、价格欺诈等现象。这些问题都会对体育产业的发展造成一定程度的阻碍。

体育产业的健康发展，离不开政策支持和法律法规的规范和保障。政策支持是政府发挥主导作用和社会各行业支持"体医工融合"协同发展的一项重要而有效的手段，是推动体育产业发展的主要力量。"体医工融合"是一项系统工程，需要政府部门完善相关政策体系和保障，为"体医工融合"发展保驾护航。各级党委、政府、各部门要切实转变思想观念，提高思想认识，调整工作思路，把发展体育产业摆在十分重要的位置，纳入中心工作，认真研究，加强管理，支持和引导体育产业健康、持续、快速发展。

体育产业涉及生产、流通、服务等多个领域，与经济社会发展各方面关系密切，涉及多个部门，需要各部门共同参与和协同努力。各级部门要尽快制定、出台配套的体育产业政策、各项法规和保障措施，有组织、有计划、分步骤实施融合工程，从财政扶持、税收优惠、土地使用、人才培养等方面全方位地扶持体育产业的发展，为体育产业创新营造良好的政策环境，提供有力的政策保障，发挥重要的产业政策促进作用[1]。另外，政府应该加大对体育场

---

[1] 高丽，张忠楼，吴震.山东民俗体育与特色旅游的融合发展研究[M].北京：人民体育出版社，2020.

馆、全民健身中心、体育公园等设施的投资力度,通过新建、改扩建等方式,提升体育设施的数量和质量;积极营造良好的产业发展环境,通过政策引导、资金支持、项目扶持等方式,促进体育产业与旅游、文化、医学、教育、科技等产业的融合发展,形成体育产业链的延伸和拓展,提升体育产业的整体竞争力。因此,从政策法规层面讲,规范体育产业,促进"体医工融合"发展势在必行;从国家层面讲,要完善体育产业政策法规体系;从省级层面看,要完善体育产业的发展规划;从市县级层面讲,要制定促进体育产业发展的地方性法规。只有通过立法推动、促进、引导、规范和保障体育产业发展,才能使体育产业更好地为全民健康服务。总之,体医工融合是一个全新的研究课题,我们要进一步加强对体医工融合的认识,了解体育产业发展的趋势,制定体育产业发展相关政策法规,只有通过立法推动、促进、引导、规范和保障体育产业发展,才能使体育产业更好地为全民健康服务,更好地满足人民群众日益增长的体育健身需求。

第二节 构建以学科交叉融合为基础的"体医工融合"协同创新模式

学科交叉融合是实现学科融合最有效的形式,更是"体医工融合"协同创新模式形成的基础。本节从三个层面进行探讨,即从"体医工融合"协同创新模式的提出强调"体医工融合"的重要性和必要性;基于"体医工融合"的新需求探讨"体医工融合"协同创新模式的优化思路;从国家层面、高校与企业的合作、人才培养三个方面提出促进构建"体医工融合"协同创新模式的对策和建议。

一、"体医工融合"协同创新模式的提出

学科交叉融合是"体医工融合"协同创新模式形成的基础。所谓"体医工融合"协同创新模式是指以学科交叉融合为基础、以协同创新为方式而形成的新模式、新机制和新技术(产品)。它的核心是跨学科协同研究创新与产业创新的结合,学科交叉融合的关键是将多个学科知识整合起来,协同创新的目的在于通过不同领域知识的集成与创新来解决现有科技或产业发展中存在的问题。

"体医工融合"协同创新模式是我国体育和医疗健康领域创新体系建设中最具代表性、最具影响力、最具有实践价值的方式之一。"体医工融合"协同创新模式在一定程度上改变了我国传统体育产业发展中,"体医结合"存在的不足,推动了我国体育、医疗卫生和工业产业等各领域协同发展。然而,也存在学科融合度不够、跨界协同创新能力不强、跨界知识整合与共享不足等诸多问题。"体医工融合"协同创新模式的提出是适应我国经济发展进入新阶段、推动体育和医疗卫生领域创新体系建设的迫切需要,其根本目的在于实现"体医工"三个产业在创新体系建设中的融合发展,是解决我国当前科技成果转化率低、人才培养缺乏实践经验、国际合作能力弱等的现实需要。

二、"体医工融合"协同创新模式的优化

为了进一步促进我国"体医工融合"协同创新模式的实施,本文拟从以下三个方面进行优化。

第一,构建国家层面统筹、多部门协同、高校与企业参与的协同创新体制机制,形成推动体医工学科交叉融合发展的有效路径。

第二,采取产学研结合和开放合作的模式。产学研结合,就是企业参与高校、科研机构、社会团体等组织的研究工作,实现协同创新,推动学校与企业共同参与科技创新全过程;开放合作,就是高校、科研机构、医疗机构等组织之间相互合作。在以上合作模式中,政府主导的产学研合作是核心。当前体医工交叉创新所涉及的一些问题,需要政府及相关部门的有效干预,比如,如何协调多方资源共同参与体育健康领域的技术创新;如何加强顶层设计以确立体医工学科交叉融合发展路径;如何从体制上建立促进体医工学科交叉融合的管理和运行机制等。这将是体医工学科交叉融合研究中一个需要解决和完善的重要问题。

第三,注重学科交叉融合与知识整合,进行"体医工融合"协同创新人才培养模式改革。目前,我国体育科学与医学学科交叉融合程度较低,主要体现在两个方面:一是体育科学与医学学科交叉融合的体制机制还不够健全;二是体育科学与医学学科交叉融合的内容主要集中在健康领域,不够丰富。因此,我国必须进一步完善体医工学科交叉融合的体制机制,积极探索创新体医工人才培养模式,加强培养高层次复合型人才,促进体医工学科交叉融合。

三、构建"体医工融合"协同创新模式的对策

鉴于上述分析，本文从以下三个方面提出具体对策。

（一）加强国家顶层设计、构建多部门协同机制

"体医工融合"协同创新模式的顶层设计包括对学科交叉融合发展的总体框架和原则、制度机制的设计与完善以及对学科发展的整体规划等。"体医工融合"协同创新模式是一种多学科交叉融合发展、多层次协同创新、多主体共建共享的教育创新模式，它能够建立起从体育科研到体育服务，再到体育教育、体育文化，最后到健康产业的跨界人才培养体系。在"体医工融合"协同创新模式下，一方面，国家要充分发挥其引导、协调和服务职能。以国家体育总局为主导，推动体育、卫生健康、科技等部门协同合作，推进体医工学科交叉融合，共建多元主体协同开发体制机制。在国家层面统筹的基础上，积极构建"体医工融合"协同创新机制和平台，包括建立体育产业与健康产业发展战略研究中心、国家健康服务业科技创新中心、体育产学研合作联盟等。引导高校和科研机构联合体育健康产业相关的行业组织和企业，共同成立体医工科技创新联盟或协会，发挥桥梁和纽带作用。另一方面，通过制定相关政策法规、编制专项规划等方式，鼓励和引导高校、科研机构与体育健康产业相关的行业组织及企业共同制订体医工科技创新发展规划、创新研究项目规划、技术路线图等，探索建立体医工科技创新协同机制，制定支持政策和措施，形成推动体医工学科交叉融合发展的有效路径。

（二）建立产学研合作机制，开展相关科研项目研究

高校应积极开展相关科研项目，企业应主动参与到"体医工融合"的协同创新模式中。一方面，学校可以根据当前市场需求和科技成果转化的特点，积极开展科技成果转化；另一方面，企业也可以通过科技项目合作的方式参与到"体医工融合"协同创新模式中来，为我国"体医工融合"协同创新模式的实施奠定基础。

（三）构建学科交叉融合、知识整合与共享机制的人才培养模式

当前，在知识经济时代背景下，高校应注重多学科交叉融合与知识整合，将学生培养成具有跨学科思维、能够解决多学科问题的复合型人才。学校在制订培养方案时应注重学科交叉融合与知识整合，注重"体医工"相关专业学生的跨界合作与实践训练。

总而言之，"体医工融合"协同创新模式的核心是将学科交叉融合、知识整合、共享机制等运用到协同创新活动中，从而实现资源共享和知识集成。

第三节　完善"体医工融合"的多元服务主体

"体医工融合"涉及体育、医疗、科技、教育等诸多领域，涉及政府部门、市场主体和社会组织等众多主体，亟须完善多元服务主体，形成多元协同机制，充分发挥协同效应。

一、健康中国背景下"体医工融合"的时代特征

在社会主义新时期，伴随着系列国家健康战略的实施，"体医工融合"面临新环境和新任务，并在服务国家战略与健康需求中得到新的提升和发展，呈现新的科学内涵和时代特征。

（一）新战略提出"体医工融合"新要求

首先，《"健康中国2030"规划纲要》（以下简称《纲要》）中指出"推进健康中国建设，是全面建成小康社会、基本实现社会主义现代化的重要基础，是全面提升中华民族健康素质、实现人民健康与经济社会协调发展的国家战略，是积极参与全球健康治理、履行2030年可持续发展议程国际承诺的重大举措"[1]

---

[1] 中共中央，国务院. 中共中央 国院院印发《"健康中国2030"规划纲要》. [EB/OL]. （2016-10-25）[2023-11-07]. https://www.gov.cn/zhengce/2016/10/25/content_5124174.htm?eqid=9d4da6bb000833c0000000046496f297.htm.

而体育产业是实现健康中国建设的重要载体之一。"体医工融合"是指将体育产业融入健康中国建设的大背景中去，将体医、工程和科技等多学科、多领域的相关内容进行系统融合，构建健康中国战略框架下"体医工融合"的新概念。

其次，从战略规划和顶层设计的层面上进行协调和调控。《纲要》中明确指出"加强政府对体育产业发展的统筹规划和宏观指导"，"促进体育产业转型升级，打造具有国际竞争力的体育产业集群"。

在具体实施过程中，"体医工融合"需要从宏观、中观、微观三个层面进行政策支撑和保障。宏观方面，要从实施主体角度出发，完善"体医工融合"制度体系。在"体医工融合"的实施中，既需要政府部门的政策引领，也需要社会组织和企业等市场主体的积极参与，还需要行业协会等社会组织的协调。中观层面，一是在以行业协会为主体的体育产业与医疗产业之间建立一种"体医结合"模式；二是在以相关高校为主体的体育与医疗行业之间建立一种"体医结合"模式。微观层面，要发挥体育产业在推进健康中国建设中的作用，鼓励企业、机构等各类社会组织参与到"体医工融合"中来。例如在体育产业与医疗产业之间建立一种"体医结合"模式：一种是以运动处方为核心的个体化运动促进健康计划；另一种是以运动干预为核心的个体化医疗干预计划。以运动处方为核心的个体化运动促进健康计划的手段有：运动前进行风险评估，对个体进行运动处方；运动中进行动态的风险评估，通过智能设备对个体的身体状况进行实时监测；运动后进行全面、系统的风险评估，并对个体制订个性化的体育干预计划。

（二）新需求创造"体医工融合"新途径

体医工多元主体系统创新、协同主体间的相互支持、多元主体间的研究配合与多元主体间对于创新成果的应用与推广，为促进体医工融合提供理论支撑和实施途径。

一是"体医工融合"协同主体间的相互支持。"体医工融合"协同创新涉及多种类型的主体，其成员之间是一个互相协作、共同发展的整体，相互之间存在着利益的冲突和矛盾。在"体医工融合"协同创新过程中，要想实现各主体之间的协同发展，需要在不同层面和不同类型的主体之间建立起相互合作、共同发展、协调一致的关系。

二是"体医工融合"协同多元主体间的研究配合。"体医工融合"研究是一项复杂的系统工程，涉及多个层面、多类学科，需要不同层面上各相关主体之间积极配合、共同参与。此外，在体医工协同创新过程中要注意以下几点：强化"体医工融合"理念，将其作为指导未来体育事业发展的思想理念；建立健全相关法律法规制度、运行机制，构建相应的利益协调机制、利益平衡机制和利益补偿机制；加大科技创新投入，提高科技成果转化率。对于多元主体协同的研究配合层面是核心，而多元主体间的相互支持与多元主体间对于创新成果的应用与推广是辅助。在技术创新方面，科技企业可以通过与高校、科研院所进行合作，借助高校、科研院所的科研基础设施以及技术创新人才优势，快速将科研成果转化为生产力。通过合作，高校、科研院所可以了解企业的技术创新能力和发展需求，从而有针对性地为企业开展科技服务，促进企业的技术创新。在经济发展方面，高校、科研院所可以通过与地方政府和相关企业的合作，整合各方资源，促进地方产业结构升级改造。

三是研发投入、政策保障和多元主体协同的相关运行机制为促进"体医工融合"提供了决策依据和建议。研发投入是协同创新的重要前提，企业作为创新主体更容易取得科技成果。通过开展产学研合作、建立创新联盟等方式，可以促进科研机构、高校与企业之间的分工协作，形成"市场引导科技服务市场"的良好格局。一方面，应加强人才队伍建设和管理以及人才激励机制的建设。对于高校而言，应积极建立科学合理的人才评价体系与激励机制，在管理上注重团队建设、协同工作、制度创新等。对教师要加强考核和管理，对于科研人员要注重绩效管理和奖励，对于研发人员要加大奖励力度，完善奖励机制。另一方面，是对科技服务机构建立相应的管理与考核机制建设，在考核方面注重科技成果转化的价值。

政策法规是协同创新的重要保证，制定有利于协同发展的相关政策法规、制度，加强对协同发展的资金保障，设立专项资金以支持高校、科研院所等创新主体，开展产学研协同创新活动，有利于充分调动各方参与创新创业的积极性和主动性。

多元主体协同的相关运行机制是协同创新的核心动力。任何系统的演化与发展，都需要外部能量的支持，即信息流、价值流、资金流、物质流的互补与共享。信息流是协同合作的基础，如果没有信息流的参与，其他要素很难有效流动和实现资源的优化配置。价值流是协同的关键，只有当价值流在参与者间流通顺畅时，才能更好地发挥协同效应。资金流是协同的必要条件，没有充足的资金支持，协同就会失去前提条件；物质流是协同的保障，没有充足的物资供应，就难以实现资源优化配置和经济发展目标。而其中任何一个要素流或两个以上要素流中断或减少，都会导致"负效应"发生。因此，需要各个要素和因素之间相互促进、相互支撑，才能实现系统整体的最优效率。由于不同类型的主体协同要素与因素是相互依存、相互促进、相互作用的，因此，可以把主体协同归纳为基于价值流动的多元主体协同机制模型。价值流动机制有利于形成利益共生。价值流动机制包括两个层面：一是在个体层面上，不同类型主体在生产与消费等方面存在差异，使得不同类型主体的价值需求差异较大，主体间形成相互依存、相互制约和相互影响的关系；二是在群体层面上，不同类型主体在其所属群体间形成利益共生关系，是整个系统整体效益最大化的前提和基础。

在这个层面上，基于价值流动机制形成的多元主体间利益共生具有以下特点：一是多种类型主体在产品或服务消费方面存在差异；二是各种不同类型主体之间相互依存、相互制约和相互影响；三是各种不同类型主体之间利益共生具有一定程度上的共性。而在协同创新层面，不同主体间的价值共享、知识传输、物质互补等，是系统中主体实现相互协同的关键，研究需要基于上述内容，对体医工多元主体间的融合提出相应的对策与建议。医疗服务主体主要是医疗机构例如医院、社区卫生服务中心等，应做好疾病预防工作，为体医融合的研究提供平台，在诊疗康复方面提供科学依据。另外还需要医院、社区卫生服务中心等医疗机构依据人群患病信息，建立个人健康档案。体育服务主体主要是指各类健身俱乐部、体育协会等体育组织，以及各类运动健身指导人员。从科技创新的角度来看，科研机构主要是指高等院校、科研院所，在科技创新的过程中，研究成果的应用与推广离不开社会各界的支持。科学研究的主体包括政府部门、企业、社会组织等。

二、健全体育服务主体，构建全民健身高质量发展新格局

健全体育服务主体是促进全民健身事业发展的重要内容，对于提高全民健身综合效能、推动全民健身事业高质量发展具有重要意义。在全民健身中，体育服务主体的作用至关重要。过去在我国，政府是体育服务的最大主体。但随着全民健身不断深入、市场力量日益壮大和社会组织不断发展，体育服务主体已发生重大变化。体育服务主体与人民群众日益增长的多样化、个性化、高质量健康需求之间存在较大差距。想要促进全民健身高质量发展，必须进一步健

全体育服务主体。

一是政府要加强统筹协调和宏观指导。要协调政府各部门、各层级的职责分工，明确体育服务主体在全民健身中的重要作用，防止各部门各自为政、政出多门；完善公共文化服务体系、发挥体育社会组织作用等；统筹推动地方建立健全全民健身工作协调机制，解决好"谁来管、怎么干"等问题；进一步健全公共财政投入机制，多渠道增加对全民健身事业发展的资金投入；严格落实《全民健身条例》及实施细则有关规定，及时出台符合实际、可操作的配套措施；认真贯彻落实《国务院办公厅关于促进全民健身和体育消费推动体育产业高质量发展的意见》《全民健身计划（2021—2025年）》等重要文件精神；推动社会力量积极参与全民健身事业发展和体育产业；深化政府购买公共服务工作机制改革，推动公共服务向社会力量购买。

二是激发市场活力。在全民健身事业发展中，市场机制能够发挥重要作用。要不断完善社会力量参与全民健身的政策措施，营造良好政策环境，促进市场主体增强活力。积极推动体育社会组织改革发展，支持体育社会组织承接政府转移的公共服务职能。创新服务方式，为市场主体参与全民健身提供有力支持。

三是培育和发展体育社会组织。指出"推进体育类社会团体、基金会、民办非企业单位等社会组织发展，支持其加强自身建设，健全内部治理结构，增强服务功能"。[1]2024年，国家体育总局印发的《2024年群众体育工作要点》中提出："发展和壮大基层体育社会组织，努力打通公共体育服务'最后一公里'。推动各地方广泛成立各级体育总会、老年人体育协会和社会体育指导员协会，支持引导各级单项体育社会组织推广运动水平等级，扩大项目人口和群众参与度。创新基层全民健身活动组织模式和人才培养模式，关注网络健身组织发展"。[2]当前，我国已拥有各级各类体育社会组织四十余万家，数量与规模居世界第一，但在全民健身中的作用还有待进一步发挥。对此，要切实贯彻国务院办公厅《关于加快发展健身休闲产业的指导意见》等有关文件精神，加快构建"六位一体"的全民健身组织网络体系；完善各级各类体育协会、体育

---

[1] 国务院办公厅.《国务院办公厅关于加快发展健身休闲产业的指导意见》.［EB/OL］.（2016-10-28）［2023-10-26］. https://www.gov.cn/zhengce/content/2016-10/28/content_5125475.htm.

[2] 国家体育总局.《2024年群众体育工作要点》印发——唱响"全民健身与奥运同行"主旋律.［EB/OL］.（2024-02-29）［2024-09-08］. https://www.sport.gov.cn/n20001280/n20001265/n20067533/c27522799/content.html.

俱乐部管理办法和扶持政策，规范其行为和活动。并且要进一步落实《社会足球场地设施建设指导意见》等文件要求，强化足球场地设施规划建设管理；在城乡社区发展满足居民多层次多样化需求，建设各类健身场地设施；制定出台《体育服务合同（示范文本）》，鼓励社会力量通过体育仲裁维护其合法权益。

四是企业要增强责任意识和服务意识。习近平总书记在企业家座谈会上指出："企业营销无国界，企业家有祖国"。办好一流企业，推动企业高质量发展，服务于经济社会，不断增强民众的幸福感、获得感是新时代企业家精神的重要体现。一个强大的国家必须有强大的企业作为支撑，这事关国家繁荣、民族兴盛、人民幸福。企业作为全民健身事业发展中重要的市场主体，在全民健身中也承担着重要责任和义务。当前，要进一步激发体育企业活力，为企业提供更好的发展环境[1]。

五是注重加强对体育保健和疾病诊疗等方面的科学指导与训练。相关部门应依据人群患病、疾病诊疗康复流程的相关信息，给出运动处方，发挥科学锻炼对疾病诊疗康复的辅助作用。即通过专业人士的体育保健指导、运动处方设置、适当的器械与锻炼途径，与医疗卫生诊疗服务形成有效的匹配，协助患病人群进行健康管理、慢性病防护。"体医结合"是促进全民健身事业发展的重要保障。目前，我国"体医结合"的制度体系还有待完善。体育还没有纳入医疗卫生服务的范畴内，相关部门也缺乏对体育保健方面的科学指导与专业训练。因此，要全面提升医疗卫生服务水平，在发挥体育锻炼促进健康、增强体质的作用时，也要注重加强对体育保健和疾病诊疗等方面的科学指导与训练。要使体育保健成为医疗卫生服务的有效补充，为群众提供优质的运动保健指导与服务，推动全民健身事业发展。

六是建立健全医疗卫生服务与体育保健协同发展机制。"体医结合"是全民健身事业发展中最为关键的环节，加强医疗卫生服务与体育保健的协同发展，对于提升全民健身的综合效能具有重要意义。随着人们生活水平不断提高，食物品种日趋丰富，"三高一低"已经成为慢性病患者最为突出的健康问题。为满足人民群众多样化、多层次、多方面的健身需求，更好地维护人民群众生命健康权益，需要加快推进"体医结合"制度体系建设。

"体医结合"制度体系是一个有机整体，它不仅包括了医疗卫生服务体系建设、医疗卫生机构对体育保健的服务模式创新及管理模式创新等内容，还

---

[1] 温刚.弘扬企业家精神 推动企业高质量发展[EB/OL].（2020-08-21）[2023-11-07].http://theory.people.com.cn/n1/2020/0821/c40531-31831003.html.

包括了体育保健、体育锻炼对疾病诊疗康复全流程作用机制的研究与探索等内容。要将体育与医疗卫生服务有机结合，进一步优化体育保健、运动健身与医疗卫生服务之间的资源配置，促进医疗卫生服务水平的整体提升。

从长远来看，在"体医结合"制度体系建设过程中，一方面，需要全面建立体育卫生服务与体育保健协同发展机制。医疗卫生服务与体育保健之间相互依存、相互影响，体育与医学在学科体系中相互融合。基于此，国家层面需要从医学、体育科学和体育保健等角度对体育与医疗卫生服务的关系进行研究，探索建立两者间的协同发展机制，以促进"体医结合"制度体系的建设和完善。另一方面，需要明确医疗卫生服务与体育保健在整个体系中的功能定位，建立起医疗卫生服务与体育保健协同发展机制，建立健全医疗卫生服务与体育保健协同发展的治理体系，完善治理结构，明确治理职责，规范治理行为，更好地推动医疗卫生服务与体育保健协同发展。这既有利于提升全民健身事业发展的综合效能，也有利于提升群众生命健康的质量与水平。此外，在"体医结合"制度体系建设过程中，充分发挥医疗卫生机构与体育保健机构之间的协同作用，使体育保健成为医疗卫生服务的有效补充。

七是充分发挥各级各类医疗卫生机构在全民健身工作中的主体作用。我国医疗卫生服务体系由各级各类医疗卫生机构组成，而各级各类医疗卫生机构是服务主体。"体医结合"制度体系建设需要以"健康中国"战略为指引，将全民健身事业融入其中。在这个过程中，要充分发挥各级各类医疗卫生机构在全民健身工作中的主体作用，不断拓展体育保健功能与范围、加强对相关从业人员培训力度、健全体育保健工作制度、规范体育保健服务标准、明确体育保健工作职责，并建立健全医疗卫生机构与体育保健机构间的协同机制。同时，还要在实践过程中不断探索总结出符合中国特色的"体医结合"制度体系。

八是进一步优化和完善学校体育、企业体育和社会体育组织三大体育服务主体。我国目前体育服务主体主要包括学校体育、企业体育和社会体育组织三大类型。

首先，从学校体育来看，我国中小学体育教学虽然已经在一定程度上实现了"体教融合"，但"体教融合"的广度与深度还有待进一步提升。例如，部分中小学缺乏开设体育课的师资力量和场地设施；部分学校体育课内容与教学方式相对陈旧，且缺乏科学、系统的指导；部分学校在体育课教学中不注重学生技能和能力的培养，教师不能充分调动学生学习积极性；一些中小学师资力量较为薄弱。因此，在当前深化学校体育改革的过程中，应不断加强对学校体育教学方面的资金投入与政策支持，从而进一步提升中小学体育教学水平。

其次，从企业体育来看，我国企业体育还存在诸多问题。例如，部分企业对职工开展体育健身活动重视不足；部分企业未对职工开展健康管理、疾病防控、应急处置等方面的培训；部分企业未能建立起完善的激励机制与奖惩制度等。因此，在我国深化学校体育改革过程中，企业应进一步强化自身的社会责任和公益意识，积极参与全民健身事业发展。同时也要构建完善、科学、有效的激励机制与奖惩制度。

最后，从社会体育组织来看，我国社会体育组织的规模与实力还不能满足社会大众日益增长的健身需求。例如，部分地区社区、乡镇、街道尚未建立起符合当地实际情况的公共体育服务设施，附近居民的体育活动场地和设施难以得到保障。因此，在我国深化学校体育改革过程中，应不断完善社会体育组织建设，鼓励和支持社会体育组织加强自身建设，提高服务水平。此外，我国应注重支持培育一批专业化、市场化、规范化的社会体育组织。在我国深化社会体育组织改革过程中，应建立相应的激励与约束机制，以激发其活力与创造力，从而更好地满足人们多样化、多层次的健身需求。

在模型分析中指出，"体医工融合"制度顶层设计下，对"体医工融合"协同效果具有正向影响作用，那么政府等监管部门应在顶层设计方面做好监督指导作用，让信息流、价值流、物质流能够在多元主体间高效流动。一方面，做好顶层设计，强化政府引导、监督职能，对不同主体的工作职责进行明确，减少在体育健康领域内出现的资源浪费现象；另一方面，加强对于"体医工融合"的宣传与引导，让人们正确地认识到"体医工融合"的内涵与本质，使得健康人群积极参与"体医工融合"，让"体医工融合"成为一种常态化的现象。此外，在多元主体协同过程中，政府还应加强顶层设计，明确多元主体间的分工与协作。比如在协同创新过程中，不同主体在业务范围上存在差异性，那么在制定相应政策时应避免出现不合理政策，从而推动"体医工融合"的发展。

"体医工融合"协同效果在不同领域也呈现出差异性。如在体育健康领域，"体医工融合"协同效果存在着较大差异性。体育部门的具体政策措施主要表现为运动参与、体质健康促进、运动技能提升等。通过模型分析可以发现，在健康促进方面，由于缺乏与卫生部门之间的联系与合作，导致"体医工融合"难以真正实现。就目前来看，我国健康促进类政策工具主要表现为以运动干预为核心的体育部门与卫生部门之间的合作网络。例如，在健康促进类政策工具中，目前比较明显地表现为以健康促进为核心的《"健康中国2030"规划纲要》《全民健康生活方式行动方案（2017—2025年）》《"十四五"国民健康规划》《全民健身计划（2021—2025年）》等。因此，建议加强与卫生部门之间的合作，构建"体医工融合"的多元主体间合作网络。除此之外，还应在相关领域内加强政策工具的创新应用。比如在运动技能提升方面，通过完善《运动员技术等级管理办法》，制订相应的激励措施、政策措施等。通过以上政策工具的应用及创新促进"体医工融合"发展。

三、强化卫生服务主体，促进体育保健融入医疗卫生服务

健康是促进人的全面发展的必然要求，是经济社会发展的基础条件。随着人口老龄化加速，慢性病发病率持续上升，人民群众健康素养水平总体偏低。部分地区对健康教育的重视程度不够，基层医务人员健康教育知识匮乏、专业水平不高、服务能力不足等问题仍比较突出。慢性病具有明显的地域性、职业性，其发生和发展与年龄、性别、职业、生活方式等密切相关。当前我国慢性病发病与死亡主要集中在农村地区，慢性病的预防和治疗主要依靠家庭与个人，缺乏相应的信息服务体系支撑。这主要表现在：一方面，基层医疗卫生机构难以及时获取疾病相关信息；另一方面，由于医疗信息系统不健全等原因，基层缺乏有效的慢性病防治监测和随访管理机制。而医疗卫生服务与体育保健的融合符合当前大健康概念的内涵与外延，以医疗卫生服务为主、体育保健为辅，二者相互作用，实现人群健康管理。因此，当前医疗卫生服务与体育保健的融合是大健康背景下的必然趋势。

（一）以大健康理念为指导，促进体育保健融入医疗卫生服务

大健康理念是通过多学科联合，形成一个完整的体系，发挥医学、体育、营养等多学科优势，为人群提供个性化的预防、治疗、康复等服务。该理念下提出医疗卫生服务与体育保健融合的想法，也符合当前国际大健康的发展趋势。但是如何实现医疗卫生服务与体育保健的融合成为当前亟须解决的问题，通过将大健康理念贯穿医疗卫生服务全过程，能够有效地促进医疗卫生服务与体育保健融合，促进人群健康管理。具体而言，就是通过建立全面系统的医疗卫生服务体系、完善相关体系、加强硬件设施建设、明确各个部门职能、制定管理规范等措施，实现全生命周期健康管理。只有做到了全方位综合管理，才

能保证医疗卫生服务与体育保健融合不是一纸空谈。

（二）加强相关人才培养，为医疗卫生服务与体育保健融合提供必要智力支撑

在实现医疗卫生服务与体育保健融合的过程中，不仅需要完善相应的制度体系，同时还需要加强相关人才培养，为医疗卫生服务与体育保健融合提供必要支撑。一是进一步加强人才培养，使医护人员及相关工作人员加强对体育保健理念和相关知识的了解。二是通过加强对患者和家属的健康教育、引导和专业知识培训等方式，推动医疗卫生服务与体育保健融合。三是通过培训或者讲座等方式，提高医疗卫生工作人员对于体育保健知识的认识和学习。四是需要积极推广使用大健康理念，鼓励医务人员积极参与体育保健知识宣传，提高居民的健康素养和健康水平。

此外，在促进体育保健融入医疗卫生服务过程中，需要明确各个部门的职能和责任，实现各部门之间的沟通和协调，为医疗卫生服务与体育保健的融合提供有效制度保障。只有建立医疗卫生服务与体育保健融合的制度体系，才能保证该体系在各个方面真正发挥作用，进而促进体育保健理念深入医疗卫生服务过程中，为人们提供更好的体育保健服务，提升患者的满意度，扭转以往在医疗卫生服务过程中，医疗卫生人员对体育保健知识不熟悉、缺乏体育保健专业指导、对临床诊疗康复的流程了解不深入等问题。

（三）促进体育保健与医疗卫生服务深度融合

深入推进体育保健与医疗卫生服务融合，切实发挥各自优势及协同作用，对于实现人群健康管理目标、促进全民健康事业发展意义重大。在国家大力倡导"健康中国""体育强国"战略的背景下，体育保健与医疗卫生服务融合模式应运而生。体育保健与医疗卫生服务两者间存在天然的联系，二者结合可以提高患者对疾病的控制能力、减少医疗成本、提升康复效率、保障患者的生活质量、提高医疗服务质量。同时，医院可以借助体育保健专业人员指导患者进行体育锻炼，提高患者康复水平。并让医护人员积累丰富的体育保健经验，弥补医疗卫生服务人员的不足。但是，二者融合也存在着一些问题。当前医疗卫生服务与体育保健融合过程中遇到的最大难题是医生在指导患者进行身体功能

锻炼时力不从心。在这种情况下需要医生与体育保健专业人员联合起来进行指导，当出现了一些运动损伤或者是疾病症状时，体育保健专业人员需要及时调整治疗方案和运动方案。

同时，体育保健专业人员与医生之间存在着知识结构上的差异。首先，体育保健专业人员的专业知识体系主要是围绕着体育健康、运动医学以及运动康复这三个方面构建起来的，而医生则是以临床医学为主。其次，体育保健专业人员从事的医疗服务是以康复治疗为主，而医生从事的医疗卫生服务是以临床诊治为主。最后，体育保健专业人员掌握的医疗知识体系与医生相比存在着一定差距，而且由于这两类知识体系都存在局限，因此在某些情况下难以有效地解决患者治疗过程中出现的问题。同时，医生在医疗卫生服务方面掌握的理论知识较为全面，工作性质决定了他们在医疗卫生服务过程中将更多的时间用在临床治疗上，对于体育保健知识的了解存在着一定程度的欠缺。结合模型分析发现，残疾人群体对"体医工融合"的了解与认可，对"体医工融合"的协同效果具有正向影响，这就需要在实践层面，强化服务主体间的沟通与协作，缩小二者之间的鸿沟。为此，应在残疾人体育俱乐部、高校和基层社区，设置"体医工融合"服务窗口，通过统一服务流程、统一数据共享、统一服务标准等方式，为残疾人提供多位一体的体育医疗康复指导，助力残疾人融入社会，满足其体育和健康需求。

（四）提高残疾人群体对"体医工融合"的认知，提升残疾人对"体医工融合"的认同感

残疾人群体对"体医工融合"的态度与认知，是"体医工融合"协同效果的决定性因素。而残疾人群体的健康意识，也是影响二者协同效果的重要因素。因此，应加大宣传力度，提升残疾人群体的体育健康意识，增强其参与体育运动的动机；同时，应采取政府主导、市场参与、社会参与等方式，多渠道、多层次推进"体医工融合"发展，提升残疾人对"体医工融合"的认同感，提高体育医疗康复从业人员的职业社会责任感。一是以《全民健身计划纲要》《"十四五"残疾人保障和发展规划》《残疾预防和残疾人康复条例》等为依据，制定完善"体医工融合"的政策法规，加大政策落实力度。将"体医工融合"作为一项重点工作纳入各级政府工作目标，通过绩效考核、制度建设等形式，推动"体医工融合"向纵深发展。鼓励各地将"体医工融合"列为重

点发展项目，并给予经费支持。二是将"体医工融合"作为一个新的专业，纳入高等学校体育人才培养体系，加快培养"体医工融合"专业人才。在高等教育阶段增设体育医学、体育保健、运动人体科学、运动康复等专业；鼓励高等学校、职业院校开设有关"体医工融合"的课程；鼓励体育类高校积极开展相关研究，加快将相关研究成果应用于实践。三是推动高校与医院、社区建立合作机制，鼓励社会力量成立康复体育俱乐部，加强行业协会对"体医工融合"的引领作用。

（五）关注体育保健，推进体育保健与临床诊疗康复相互协同

在全社会宣传体育保健理念，鼓励每个人都积极参与体育运动，形成自我保健、自我健康管理的健康生活方式。积极动员社会各界力量共同参与体育事业发展，鼓励企业开发具有中国特色、自主知识产权、技术先进、服务便捷、绿色环保的运动装备和康复器械。在医疗健康服务群体方面，促进临床医生进一步关注体育保健，让体育保健与临床诊疗康复相互协同，二者相互影响，有效结合，以最小的代价取得最大的康复效益。

（六）转变体育产业发展方式，形成以运动康复为特色的大健康产业集群

在产业结构层面，要适应社会需求，转变体育产业发展方式。改变以往以增加数量为目标的发展模式，优化产业结构布局，加快发展健身休闲用品、体育用品及器材等体育产品制造业和信息技术服务业以及与之相关的信息服务业。适应消费结构升级和个性化消费需求增加的趋势，开发特色化、高端化、智能化的高端产品，提高科技含量和附加值。促进体育用品制造业向产业价值链高端延伸，形成以运动康复为特色的大健康产业集群。推动互联网与体育产业融合发展，促进各类数字技术在运动健康领域应用，提升体育装备制造智能化水平和服务质量。

（七）建立健全人才培养体系

在人才培养方面，要建立健全以终身学习为导向、以能力为本位的人才培

养体系。大力推进体育院校转型发展，形成若干高水平、国际化的运动医学人才培养基地。加快专业设置调整的步伐，适应社会需求。依托现有科研院所或高等学校，开展运动医学专业建设。加快发展面向社会人群的运动健身指导人员队伍和以基层社区为基础的运动健身指导员队伍。医务人员加强相关知识培训和实践锻炼，不断提高专业技术水平和职业素养。

（八）提高残疾人群体对体育保健先进理念的认识，做好体育保健相关知识的宣传

协同主体应重视对残疾人群体的体育保健先进理念的了解，改变以往高强度体育锻炼对身体有害无益等传统观念，使得体育保健融入残疾人群体诊疗康复过程，积极发挥体育保健的功能。此外，在"健康中国2030"国家战略落地实施过程中，相关监管部门，应重视体育保健理念的宣传与倡导，加强顶层设计与制度建设，统一宣传口径，让更多的人关注这一先进理念。在一些城市的社区卫生服务中心，应加强对于体育保健相关知识的宣传，对社区居民开展针对性宣讲，让大家对体育保健理念有所了解。同时，可以结合社区居民的需求，通过专题讲座、主题宣讲等方式进行宣传。与此同时，还要做好残疾人群体的体育保健教育工作，充分利用残联、民政、人力资源和社会保障、教育等部门提供的信息平台及资源，以国家体育总局为主导，联合残疾人联合会等部门对残疾人群体开展体育保健的教育，提高残疾人群体对体育保健重要性的认识，充分调动他们参与的积极性，鼓励他们学习掌握一套科学有效的运动方式。

四、完善康复工程技术，加强相关学科之间的交叉融合

（一）加强康复工程技术与多学科之间的交叉融合性发展

强化工程学与体育、医学相互融合，主要包括辅具、假肢、轮椅等康复工程技术。在康复工程技术领域，应积极加强康复工程技术与运动医学、运动训练学、运动营养学等多学科的交叉融合。

康复工程技术的发展有助于促进残疾人实现自我价值，而人文教育则是促

进残疾人全面发展的重要环节。人文教育一方面要求学校培养具有一定文化知识的专业人才，另一方面要求学校通过开展丰富多彩的教学活动，对残疾人进行素质教育。因此，在康复工程技术领域，需要注重与人文教育相融合，促进康复工程技术与人文教育相结合，应将心理学、社会学、教育学、哲学等多学科知识相融合，发挥各学科知识的优势和特点。

健康产业是国民经济重要的组成部分，具有较大的经济和社会效益。随着我国经济发展以及人民生活水平提高，我国健康产业拥有广阔的发展前景。医疗卫生事业将更加开放与合作，大力发展医疗保健服务产业，并建设相关机构，积极开发健康产品、开展医疗保险业务及相关的社会保障工作。应发挥康复工程技术在健康产业中的重要作用，促进健康产业发展，并提升其经济价值。

康复工程技术应积极与其他相关领域相融合，如体育、医学、哲学等学科。不同领域之间有其共性及个性之处。不同领域之间都存在相互关联，因而可将相关学科知识引入康复工程技术中去。通过对康复工程技术的局部调整，寻找干预行为刺激作用的关键变量，找到最佳的关键技术。

未来随着康复工程技术的发展，可以将行为学的思想和技术手段进行有效结合，充分挖掘行为学的优势，发挥行为学的重要作用。在康复工程技术中，许多应用场景都具有广阔的发展前景。例如，在医疗卫生领域，随着人口老龄化问题的加剧，慢性病患者数量逐渐增多，目前慢性病已成为困扰我国国民健康的重要问题。在康复工程中，不仅要为慢性病患者提供医疗服务，还要帮助他们保持健康的生活方式和行为习惯。通过有效的干预技术和措施，对残疾人进行健康干预和治疗可以使他们重新回归社会。因此，在未来发展中可以对现有的康复工程技术进行分析，寻找其存在的不足和局限性，从而进行更有效、更准确的干预技术应用。

（二）建立完善的康复工程技术管理制度

针对康复工程技术研发和应用中存在的问题制定相关政策制度，我国应建立完善的康复工程技术管理制度，制定具有针对性、实效性及可操作性强的政策措施，为康复工程技术研发和应用提供指导意见及建议。

一是加强科技创新体系建设。大力培养和引进高层次人才，提升前沿科学技术研究和创新应用能力。强化科研平台建设与成果转化；鼓励科研人员积极参与相关项目申报与研究；加强科研平台建设与成果转化，支持企业建设科技成果转化中心、技术转化中心、专业化孵化器等功能性平台。

二是提升康复工程技术的精准性和科学性。加强康复工程技术人才培育，提升康复工程技术精准性和科学性，改善残疾人的身体机能状况，使其能更好地进行社会活动，提高残疾人群体的生活质量。

三是增强创新意识和创新能力。"体医工融合"的关键在于跨主体间的知识与信息交流，体医融合涉及多个主体之间的知识流动、信息交换，但最终目的在于实现对个体行为和健康状况的监测，其中涉及许多跨学科研究方法，需要不同主体间进行知识分享与合作。体医融合中多元主体间的合作与融合是由相关主体间的知识共享与信息交流产生的。"体医工融合"涉及多个服务主体，包括医疗机构、体育服务部门、辅助器械设计制造部门等。如何加强体医融合中不同服务主体间的合作与协同是促进体医融合实现中协同创新的关键内容。本书将针对不同服务主体出发对"体医工融合"中多元服务主体间合作创新模式进行分析。

四是促进医疗、体育、辅助器械设计制造三个服务主体间的协同创新。一是通过建立体育产业各服务主体间的沟通交流平台，进行有效的信息共享，来加强各个服务主体间的合作创新。二是辅助器械设计制造部门可以通过网络平台，将产品推送至消费者手中或推广至其他服务部门，进行产品宣传与推广。三是通过建立各服务主体间的沟通交流平台，加强各个服务主体间的合作创新。在上述三个服务主体之间加强协同创新，有助于增强其合作意愿与信心。

第四节　加强"体医工融合"协同创新平台建设

建立"体医工融合"创新平台是推动体医工深度融合的重要抓手，加强"体医工融合"创新平台建设，不仅可以推进体育产业与健康产业领域的交叉研究，也有利于促进"体医工"领域科技成果的转化与产业化。

一、"体医工融合"协同创新平台建设的目的和任务

"体医工融合"创新平台由体医融合实验室、医工融合实验室和工医融合实验室三部分构成。体医融合实验室主要用于跨学科、跨领域的合作研究与成

果转化。医工融合实验室主要用于科研成果的转化与产业化，包括体育产品设计、制造、销售及服务，并向相关部门提供科技成果咨询、科技培训和技术服务。工医融合实验室主要用于实验动物、临床及疾病研究，以及创新药物研发等。建设"体医工融合"协同创新平台的目的，就是通过跨学科合作，开展基础研究，并进行应用技术开发。如通过建设"体医工融合"协同创新中心，促进不同学科背景的学者在体育产业与健康产业领域进行交叉研究、相互支持，有效整合资源，形成合力。同时，促进"体医工"领域科技成果的转化与产业化。

具体来说，"体医工融合"协同创新平台的任务包括以下几点。一是建设若干"体医工融合"协同创新平台。二是重点建设一批"体医工融合"协同创新机构，培育一批"体医工融合"协同创新主体，联合开发一批"体医工融合"协同创新成果，培育一批"体医工融合"协同创新项目，带动产业转型升级。三是支持若干高校和科研机构参与和推动"体医工融合"协同创新，加强与企业、社会组织合作，探索产学与研用一体化的创新模式。四是开展与国际知名高校、科研机构和企业合作，共同建设"体医工融合"协同创新联盟。五是建立面向新产业、新业态的新型科研组织和运行机制，推动各类主体主动对接和融入国家和地方战略需求、前沿技术和产业变革。六是培养造就一批具有国际影响力的专家、学者和企业家队伍。七是健全完善相关政策体系，充分激发市场主体创新活力。八是强化知识产权的创造、运用、保护与服务，发挥知识产权制度在支撑"体医工融合"中的重要作用。九是优化资源配置，调动社会资源参与"体医工融合"的积极性，推动社会组织发展。十是打造若干可复制、可推广的"体医工融合"新模式和新产品。十一是加强国际合作交流，支持高校和科研机构在"体医工融合"领域开展国际科技合作与交流，提升"体医工融合"的国际化水平。十二是促进体育产业与健康产业发展，推动体育行业与医疗行业协同发展。十三是完善人才培养体系，支持学校体育与健康领域学科发展与人才培养，鼓励高校设立相关专业、课程或培养机构，提升人才培养能力和水平，完善体育产业人才培养机制，造就一批懂管理、懂市场的复合型人才。推动体育、医疗、科技等领域人才双向流动，支持职业体育俱乐部培养体育产业管理人才，鼓励科研院所和高校相关领域人才到体育产业领域兼职或创业，鼓励创新人员在"体医工融合"协同创新联盟中发挥作用。在此基础上，创新平台将围绕不同层次的需求，从顶层设计到运行管理，逐步深入地推进"体医工融合"协同创新工作。

二、"体医工融合"协同创新平台的组成及功能

创新平台是以"体医工融合"为特色的协同创新研究基地，主要围绕"体医工融合"开展协同创新研究，促进创新链与产业链对接，推动科技成果转移转化，搭建产学研合作与交流平台，促进创新链与产业链对接。该平台将充分利用高校、科研院所、企业、资本等资源，建立"体医工融合"科技成果库，为创新主体提供科技成果登记、发布及查询等服务，促进科技成果转化和产业化；通过举办多种形式的学术活动和论坛，加强国际国内同行间的交流与合作；通过开展高水平的培训、论坛和国际会议，提升专业人才的技术水平。该平台将针对产业发展需求，依托"体医工融合"特色，形成创新研究方向、创新技术平台和科技人才队伍。

重点建设内容包括运动医学与康复研究方向、运动训练与竞赛研究方向、运动生理与生物力学研究方向、体育运动保障技术研究方向、体育产品研发平台及科技人才队伍建设等。通过"体医工融合"协同创新基地的建设，推动相关学科的交叉融合，促进体育与医疗、康复和工程技术的有机结合，提高科研成果转化率和应用水平；形成具有国内领先水平和国际影响力的运动健康相关领域的科技成果，提升我国运动健康相关领域的自主创新能力。

创新平台是以"体医工融合"为特色的协同创新研究基地，主要由六个功能模块组成。

第一，科研管理与服务。平台围绕"体医工融合"特点，整合相关创新要素，为科研管理、成果转化和技术服务等提供支撑。建立"体医工融合"科技成果库，收录国内外相关研究成果，提供科技成果登记、发布及查询等服务。

第二，新技术与产品开发。平台通过整合与引进国内外科技资源，为实现"体医工融合"特色提供技术和产品开发服务。

第三，创新创业。为满足产业发展需求，平台利用高校、科研院所、企业、资本等资源，为创新创业者提供从研发到产业化的全过程服务。

第四，知识产权管理。平台对科研成果的知识产权进行确权与管理，提供成果转移转化平台和知识产权运营等服务。

第五，技术转移。平台将搭建产学研合作与交流平台，促进创新链与产业链对接；促进科技成果转化和产业化，推动自主创新向国际一流水平迈进。

第六，科技人才培养。平台通过举办多种形式的学术活动和论坛，加强国

际国内同行间的交流与合作；通过举办高水平的培训、论坛和国际会议等，提升专业人才的技术水平。

在上述六个功能模块中，科研管理与服务功能是平台的核心功能，该功能模块对创新主体的科研活动、创新技术等进行支持与管理；创新创业管理模块主要提供项目申请、立项、孵化、融资、成果转化等服务；知识产权管理模块主要负责知识产权转移转化；科技人才培养模块主要负责人才引进和培养。

"体医工融合"协同创新基地将积极构建政产学研用协同创新的长效机制，充分发挥市场在资源配置中的决定性作用，激发广大科技人员的积极性和创造性，提高我国运动健康领域科技创新能力，提升我国在全球体育科技竞争中的地位。

三、"体医工融合"协同创新平台的实现路径

创新平台的建设可以采取以下路径：由学校主导申报、组织专家团队进行论证；由学校牵头组建并负责管理；依托学校和企业等相关单位优势资源，共同建设；通过多种方式吸引社会力量参与。

结合该创新平台建设的内容，具体提出其主要任务和实现路径。

第一，搭建研究基础与技术平台。主要包括运动医学、运动损伤与康复、运动生理监测、大数据分析、体育信息采集与分析等方面。具体而言，可通过建立专项研究的实验室平台，使学生在专业学习阶段就接触大量的科研内容。在开展具体研究时，学生们可借助平台中丰富的实践资源，有利于大大提高创新能力和实践能力。

第二，促进学校体育学科发展与人才培养。通过搭建跨学科、跨领域的研究平台，促进学校体育学科发展与人才培养。通过将体育科研成果转化为教学内容、开发特色课程、强化实践教学等手段，促进学校体育学科发展与人才培养。

第三，促进体育产业与健康产业发展。通过搭建平台，可以促进体育产业与健康产业的发展，如通过设立专门部门或配备专职人员，开展行业培训、咨询服务等工作；为相关企业提供技术咨询和服务；为学生提供实习基地；利用学校丰富的实践资源，为学生提供专业实习机会和对其进行创业教育等。

第四，推动体育行业与医疗行业协同发展。通过搭建平台，可使体育行业与医疗行业实现优势互补、资源共享和协同创新，如通过开展运动医学研究和应用推广，推动"体医融合"；开展健康产业技术创新研发和成果转化；在学

校、医疗机构以及企业之间搭建成果转化渠道。

第五，促进体医融合及相关产业协同创新。如运动医学与健康方面的研究成果，可以为体育赛事、健身场馆提供运动风险评估和干预方案等技术支持。

四、"体医工融合"协同创新平台建设的策略

从国家需求出发，充分发挥高校创新资源优势，形成"体医工融合"的创新体系。

一是坚持国家需求导向，实施"体育+"战略，以"体医工融合"为发展路径。整合高校科研机构、企业和社会资源，搭建"体育+健康"发展平台，构建具有特色的"体医工融合"协同创新体系。

二是构建"体医工融合"人才培养体系，创新人才培养模式。建立"体医工融合"协同创新团队，在理论和实践上指导学生进行科学训练与锻炼；在科研项目和课题研究上，鼓励学生进行创新性研究和发明创造。

三是建设"体医工融合"创新平台。联合行业龙头企业、科研机构、相关政府部门、高等院校和其他社会力量，共同建设以健康服务为中心、体育与医疗相结合的公共体育服务平台（包括体质测试服务平台、运动康复技术平台、健身指导平台、体育健康大数据平台等），面向全民提供"体医工融合"健康管理服务；为行业内企业提供高水平的"体医工融合"产业技术创新和产品开发服务；面向社会提供"体医工融合"体育健身指导和管理服务。

四是整合高校与企业优势资源，促进产学研协同创新。创新平台依托高校雄厚的学科实力和科技资源，加快科研成果转化；依托企业先进的生产技术和市场资源，促进科研成果产业化。依托政府与社会力量搭建体育健康大数据开放共享平台，实现高校与企业、政府之间的资源共享和信息互通。提升体育产业信息化水平，实现体育行业的信息化与智能化发展。

五是加强体育与医学、医疗、信息等领域的交叉融合，加快科研成果转化。充分发挥"体医工融合"协同创新团队在科学研究、人才培养、学科建设等方面的优势，在体质测试与评价、运动康复、健身指导和健康管理等方面，开展一系列基础研究与应用研究。此外，通过建设体育健康大数据开放共享平台，逐步实现体育健康大数据开放共享，将高校的科技成果应用于体育健康事业，服务于国家战略需求和人民群众健康需要。与此同时，促进高等院校与企业之间的交流合作与资源共享，促进高校科技成果产业化、市场化，为建设创

新型国家贡献智慧和力量。

六是推进高校与行业企业、社会组织的深度融合，深化体制机制改革，建立"体医工融合"协同创新团队，加强校企合作，促进科研成果转化，建设体育健康大数据开放共享平台。

七是实施"体育+"战略，推进"体医工融合"，构建多领域协同创新机制，全面推进新时代高校人才培养、科学研究和社会服务工作的新局面。

八是建立"体医工融合"创新体系与保障机制。建立"体医工融合"协同创新团队和人才培养、科学研究与社会服务协同发展的管理机制、激励机制等，不断完善平台管理、运行等方面的制度，并有效实施，真正实现"体医工融合"协同创新体系的高质量发展。

九是探索创新模式。建立由高校、企业、科研机构、行业组织等多元主体共同组成的"体医工融合"协同创新团队，充分利用现有资源优势，打破传统的学科界限，通过跨界构建起多方互动的产学研用协同创新平台，全面促进多学科交叉融合。

第五节　增强关联以优化"体医工融合"互惠模式

增强各主体间相互关联、优化互惠模式，是促进"体医工融合"的重要手段，可有效地推动"体医融合"中各主体间的有效融合、资源共享和协同创新，形成互惠共赢的共享模式。

一、"体医工融合"是一项系统性工程，需要全社会参与

"体医工融合"是指在体育、医疗、卫生行业的交叉与合作中，不断探索研究出符合体育规律的、科学性的诊疗方法和手段。近年来，"体医工融合"已成为体育行业发展的新趋势。目前，我国"体医工融合"发展形式多样、内容丰富。但是，还存在"体医工融合"模式不够灵活、功能单一、互动不足等问题，"大健康"概念不清晰、服务内容不健全、服务流程不规范等问题比较突出。

北京冬奥会是推动中国"体医工融合"、健康发展的重要契机，体育强国、健康中国战略目标的实现，离不开"体医工融合"。新时代，北京冬奥会

为体育与医疗、卫生行业深度融合提供了契机，为以后向大众提供全民健身服务树立了中国样板。作为我国重大标志性活动之一，中国体育代表团在北京冬奥会的多个项目中参加比赛。为此，中国残联及北京市残联高度重视冬奥涉残运动员身心健康保障工作，要求体育部门与医疗部门形成合力，为冬奥会涉残运动员提供专业健康服务。以"北京2022年冬奥会和冬残奥会"为例，涉残运动员在参加比赛期间将由专门机构提供医疗保障服务，包括实时监测身体状况、预防和处理运动损伤、及时就医等。同时通过"体医工融合"协作平台，为运动员提供专业医疗指导和个性化服务。积极推动建设冰雪运动医学中心和康复中心，搭建国家级科研平台，并打造"体医工融合"实践基地。与此同时，为保障冬奥会赛事期间运动员的心理健康，北京冬奥组委在比赛期间开设了多个心理咨询热线和远程咨询等。并由中国残联联合中国心理学会专门组建了针对冬奥会涉残运动员的心理专家团队。

目前，国家正在推进"体医工融合"发展，而"体医工融合"需要体育、卫生、医疗、教育等多个领域的积极参与，建立起一个协调高效的运行机制，才能不断推动其融合向更深层次发展。"体医工融合"的关键在于相关主体间的深度融合，在很多研究中已经对医疗卫生服务的主体界定了明晰的范围。体育卫生服务的主体是指从事与人体健康相关的各类服务（包括医疗卫生服务、保健康复服务、公共体育健身服务和学校体育卫生等）的机构。在"体医工融合"的过程中，医疗卫生服务部门作为"体医工融合"的最关键部门，也是实践探索中最难协调和管理的部分。在推进"体医工融合"工作中，相关政府部门既要做好顶层设计、整体规划，又要建立起各部门间的协同机制、规范和标准。在多学科交叉融合的过程中，跨领域和跨学科是创新的基础。因此，相关政府部门需要转变管理理念和管理模式，充分认识到"体医工融合"是一项系统性工程，需要全社会共同参与。

二、增强各主体间相互关联，构建"体医工融合"共享模式

（一）加强体育卫生服务部门与医疗卫生服务部门的协调合作、资源共享和协同创新

体育卫生服务部门需要加强与医疗卫生服务部门的协调合作、资源共享和

协同创新，实现共赢。首先，在资源共享方面要实现信息互通、资源互通和资源共享。特别是在当前人口老龄化进程加快的现状下，体育部门与医疗部门应充分利用科技创新手段及工具，大力推进健康领域的科技创新成果向体育部门转移应用，以提高体育部门对群众健康问题的重视程度。其次，在资源协同方面应搭建体育卫生部门与医疗卫生部门之间沟通交流的平台，如定期召开相关研讨会或专题论坛等活动，深入了解目前医疗卫生服务部门存在的问题，并探讨解决方法。最后，在资源共享方面还应实现数据共享和信息互通，建立数据共享平台。医疗卫生服务部门还需要将运动康复类项目纳入相关医疗卫生服务项目中。

此外，还需要加强各辅助器械设计制造部门间的协同合作，将运动康复设备等辅助器械纳入设计生产环节中。目前，尽管医疗、体育、辅助器械设计制造相关主体间的融合实践探索已取得初步成效，但是，跨主体间融合仍存在较多障碍。一方面，医疗、体育、辅助器械设计制造相关主体之间存在技术及知识壁垒，在一定程度上阻碍了协同融合。相关主体间的知识壁垒主要表现为：医疗、体育、辅助器械设计制造相关学科在医疗器械领域中的发展与应用情况不同；在医疗器械研发中，基础研究与实际应用存在差距；相关主体之间缺乏交流与合作，无法实现技术创新和知识共享；医疗器械研发中涉及的产品标准体系与体育、辅助器械设计制造领域尚有差异，导致相关技术及知识难以在产品设计过程中进行有效交流与使用。

另一方面，医疗、体育、辅助器械设计制造相关主体的资金供给不足，无法满足协同融合进程中不断增长的资金需求。具体表现在：资金投入少，仅能满足部分创新需求；融资渠道单一，金融支持力度弱；风险投资较少，市场融资困难；风险投资机构较少，融资不规范。医疗、体育、辅助器械设计制造相关主体市场需求不足。相关企业不但在研发生产方面投入不足，且缺乏对下游用户需求的了解和把握。这就导致了企业在产品开发时，往往不能根据患者实际需求进行产品研发。从宏观层面来看，医疗、体育、辅助器械设计制造相关主体对人才培养重视程度不够；微观层面来看，人才培养质量不高。

当前，医疗部门间协同日趋紧密，而体育部门内部的协同也有条不紊，但是跨主体间的协同融合，理论研究刚刚起步，实践尚属于探索阶段。进一步加强不同主体间的融合或跨部门的合作，其重点工作在于合作动力、合作阻力、合作信任、利益分配机制的设计与构建，以激发各主体间的合作动力，促成合作阻力、合作信任、利益分配等机制的建立。在"体医工融合"中，以各主体为核心，以利益分配机制为纽带，可有效地促进"体医工融合"中各主体间的有效融合。

（二）构建各主体间有效的合作动力机制、合作信任机制与利益分配机制，达到互惠共赢

从前述模型分析中可以看出，"体医工融合"过程中需要加强各主体间的合作动力和合作阻力，促进各方形成有效的合作动力；需要加强不同主体间的合作信任，构建信任关系；需要建立完善的利益分配机制，以保证各主体在利益分配上能够实现公平，从而实现不同主体间的有效融合。

具体而言，"体医工融合"中各主体之间的合作，首先是不同主体的利益驱动。如果没有利益驱动，那么各主体的合作意愿就不会那么强烈。利益驱动包括经济利益、政策激励及精神利益。在体医融合过程中，各主体之间合作意愿不强，主要是因为不同主体间所获得的经济利益和政策激励不均衡，导致各主体没有太大的积极性。而在精神上的奖励方面，虽然不同主体都对体医融合表现出了很高的热情，但是没有人愿意真正投身其中。因此，促进体医融合最根本的动力就是要对各主体进行经济和政策激励上的双驱动，需要从经济激励和精神激励两方面对体医融合进行深入地探索。其次是加强各主体间的沟通与交流，建立相互信任。信任是社会稳定与发展的基础。然而，"体医工融合"在很大程度上受到传统体育、医疗和工程模式的影响，因此在建立信任关系之前，应要解决"体医工融合"过程中不同主体间相互怀疑甚至不信任问题。而要解决这一问题，最主要的就是要加强各主体间的沟通与交流，形成共识，达成共同目标。

从上述模型分析可以看出，体医融合过程中存在着多方利益冲突与矛盾，各种利益之间互相制衡、互相竞争。这一现状主要是因为体医融合过程中各主体利益分配机制不够完善，即各方之间缺乏合理的利益分配机制来保证各主体能够在利益分配上实现公平。进一步地说，在"体医工融合"中，对各类不同类型、不同层级主体的利益分配机制，主要应围绕以下几个方面来建立。

第一，政府作为公共服务主要提供者与利益分配者，应在完善各层面公共服务制度建设、构建多元主体公共服务体系基础上进一步加大财政投入力度，创新财政投入方式。第二，通过政府购买、绩效奖励等多种方式鼓励各类型和层次的医疗机构为公众提供基本医疗卫生服务。第三，通过政府购买社会服务

等方式，引导社会力量参与基本医疗卫生服务。第四，在基本医疗卫生制度构建过程中，统筹考虑各类主体的利益分配机制。第五，在构建政府、市场、社会多元投入机制中充分发挥各类型组织的作用。第六，通过开展健康教育、推广全民健身、活动等多种途径提高群众健康素养水平。第七，在全民健身发展过程中，充分考虑不同人群体育健身需求的差异性，并根据不同人群特点制订运动计划。

模型分析表明，"体医工融合"是一项复杂的系统工程，从理论上说，不仅需要整合体育部门与卫生行政部门的职能，还需要整合体育部门与教育部门的职能；从实践上看，也要重视对各主体的合理分工。因此，在"体医工融合"实践中既要重视对政府相关职能进行科学界定、明确分工，也要重视对各主体进行科学分工、合理分工。为推进"体医工融合"工作顺利开展，促进各主体间形成有效融合，政府应在不同层面出台相应的政策文件及配套措施，使"体医工融合"各主体之间建立良好的合作信任关系，进一步完善全民健身公共服务体系和体育卫生服务体系。

综合模型分析与"体医工融合"中不同主体间关系的构建规律，"体医工融合"的核心问题在于构建各主体间有效的合作动力机制、合作信任机制与利益分配机制。其中，合作动力机制是指基于不同主体间相互依赖和相互需要而产生的共同价值追求和利益诉求；合作阻力机制是指基于利益冲突而产生的利益矛盾、利益冲突；合作信任机制是指基于信任而产生的共同价值追求、共同利益诉求与共同行为方式；利益分配机制是指基于对各自需求、动机、能力的合理安排而产生的利益协调和平衡关系。此外，在"体医工融合"过程中，政府应通过建立科学合理的绩效评价体系保障各主体间能够获得有效的、公平的利益分配。上述机制在模型分析中均是影响"体医工融合"中主体间形成有效融合的关键内容。

三、加强体育健康的功效，构建"共建、共享、共赢"的体育公共服务体系

健康是人类社会发展的永恒主题，也是新时代中国特色社会主义事业的重要内容。

《"健康中国2030"规划纲要》指出，"健康是促进人的全面发展的必然要求，是经济社会发展的基础条件。实现国民健康长寿，是国家富强、民族振

兴的重要标志，也是全国各族人民的共同愿望。"[1]

《健康中国行动（2019—2030年）》中提出"推进基本公共体育服务体系建设"；"建立针对不同人群、不同环境、不同身体状况的运动促进健康指导方法，推动形成'体医结合'的疾病管理与健康服务模式。构建运动伤病预防、治疗与急救体系，提高运动伤病防治能力。"[2]

习近平总书记在党的十九大报告中强调，"坚持以人民为中心，把人民健康放在优先发展的战略位置"；"将维护人民健康的范畴从传统的疾病防治拓展到生态环境保护、体育健身、职业安全、意外伤害、食品药品安全等领域，普及健康生活、优化健康服务、完善健康保障、建设健康环境、发展健康产业，实现对生命全程的健康服务和健康保障。"[3]在疫情过后，全球经济复苏乏力的情况下，积极促进"体医工融合"，优化体医结合互惠模式，成为当前我国医药卫生和体育系统面临的重要任务。随着时代发展，体医融合的内涵、外延不断拓展，逐渐从简单的医疗和体育业务拓展到康复、慢性病、健身和运动处方等多个领域。

加强体育功效，依托慢性疾病健康联盟、三甲医院、社区医院和社区健康健身指导中心的四方合作创新健康服务供给，推动居民健身向专业化、精细化发展，鼓励民间资本、社会力量参与公共体育服务供给，并通过建立多元主体参与的合作机制，优化体育公共服务资源配置和结构，构建"共建、共享、共赢"的体育服务体系，形成政府主导、部门协同、社会力量积极参与的公共体育服务新格局。

一是大力开展全民健身活动，落实全民健身战略。广泛开展群众喜闻乐见的体育运动项目，引导社会各界参与全民健身，广泛组织群众参加各类形式多样的群众性体育赛事活动。倡导"每天锻炼一小时，健康工作五十年，幸福生活一辈子"的理念，积极培育和建设群众性体育组织机构。充分发挥各类公共体育场馆和社区体育俱乐部及各种社会组织在全民健身活动中的主体作用，丰

---

[1] 中共中央，国务院.中共中央国院院印发《"健康中国2030规划纲要"》[EB/OL]．（2016-10-25）[2023-11-07]．https://www.gov.cn/zhengce/2016-10/25/content_5124174.htm?eqid=9d4da6bb000833c0000000046496f297.htm．

[2] 健康中国行动推进委员会．健康中国行动（2019—2030年）[EB/OL]．（2019-07-29）[2023-11-07]．https://www.ggj.gov.cn/shsqgl/zcfg/201907/t20190729_28575.htm．

[3] 李斌．认真学习宣传贯彻党的十九大精神实施健康中国战略[EB/OL]．（2018-01-12）[2023-11-07]．http://theory.people.com.cn/n1/2018/0112/c40531-29760344.html．

富全民健身活动内容和形式。

二是依托区域资源优势，大力发展健康产业。坚持以人为本、健康为先、科学发展的原则，依托区域生态环境优势和医疗服务优势，开发利用本地特色文化资源和生态景观资源及自然资源，发展生态养生旅游等体育健康产业。注重加强区域内医疗卫生资源与体育资源的整合与协调，支持体育部门、卫生部门联合开展赛事活动，加大对区域内居民健康促进工作的宣传力度。利用重大节日或重大事件在全市范围内举办各类赛事活动，整合社会资源，为市民提供多样化、全方位的体育健身服务。利用体育场馆或户外运动场所建设健康教育基地、健康促进中心等公益性项目，普及科学健康知识，增强大众参加体育锻炼的意识。

三是探索"体医工融合"发展新模式。引导广大居民改变运动方式，自觉形成以健康为导向的体育锻炼习惯，鼓励个人树立科学的健康观，形成人人重视健康生活方式、重视自身健康的社会氛围。将"体医工融合"工作纳入全市全民健身工作发展总体规划，不断强化和完善全民健身工作领导体制、组织管理、运行机制、投入保障和运行机制。将"体医工融合"工作纳入各级医疗机构基本医疗服务流程，实现疾病预防和健康促进的关口前移。将"体医工融合"工作纳入各级医疗机构的绩效考核中，建立政府主导下的多元合作机制，促进医疗卫生资源与体育健身资源融合。创新"体医工融合"机制，把体育健身项目融入医疗康复系统，形成"体医结合、体医互动"的服务模式，加强专业指导，完善咨询服务，为患者提供个性化的运动处方及养生指导，提高全民健身医疗服务水平。

四是大力发展体育健康旅游产业。把健康旅游产业作为体育产业的重要组成部分，重点发展体育旅游产业。利用当地的自然资源、文化资源，开发具有特色的运动项目，使体育与旅游、健康有机结合，实现体育旅游多元化发展。加大力度引进和培育体育健康服务、健身休闲娱乐等龙头企业。借助"大众创业、万众创新"的东风，向体育旅游、康养产业进行横纵拓展，使体、医界的技术、资源、话语权融合，促进"体医融合"大健康产业的发展，带动体育服务业的全面升级。依托体育与医疗资源优势，整合健康产业资源，使之成为我国大健康产业发展的重要部分，这不仅符合"健康中国"的战略导向，更是国家积极鼓励与倡导的，也是体育产业转型升级的必然方向。

五是积极推动"体医融合"大健康产业化发展。"体医融合"大健康产业以体育为载体，通过运动处方、心理处方等干预手段，提高个人身体素质与健康水平。通过与体育、医疗部门的合作，实现资源共享，充分发挥其各自优势，从而实现对传统体育、医疗行业的创新改革与升级。"体医融合"大健康产业是对体育、医疗资源进行高效整合与优化配置的新兴业态，而体育与医疗相结合是促进"体医融合"落地实施最为直接有效的方法之一。现阶段，"大健康"概念在政策层面得到了进一步落实和深化，面对日益严峻的"老龄化"问题，为推进医养结合工作进一步发展，国家体育总局《关于进一步做好加强老年人体育工作的意见》中明确指出："建立健全老年人体育政策、丰富老年人事活动、扩大老年人场地设施供给、健全老年人体育组织、加强老年人科学健身指导，持续推动老年人体育工作高质量发展"[1]。

近年来，随着国家相关政策的实施，社会经济发展水平的不断提升以及人民群众对于健康生活需求的不断提高，体育、医疗两大行业的融合发展不断深入，体育、医疗产业必将迎来新一轮的快速发展。"体医融合"大健康产业借助互联网、大数据等技术手段，实现了线上与线下相结合的服务模式，将实体机构与互联网相结合，可以使医疗资源和体育资源进行深度整合与优化配置。在"互联网+""大数据"时代背景下，互联网与健康产业相融合成为新的经济增长点。在促进健康产业转型升级的同时，为推动体育产业转型升级提供了重要路径。通过线上咨询、线上预约挂号、线上电子支付等方式对用户进行健康管理。通过对用户身体数据、运动数据信息进行采集与分析，并提供相应的体育健身指导和运动处方服务，以此来帮助用户预防或治疗身体疾病。

体育锻炼是促进人们身心健康的重要途径之一，应将体育锻炼与医疗保健进行融合，一方面，能够使医院中形成一体化管理体系，提升健康管理效果，减少健康问题的产生。例如，在对患者进行治疗时，医生会根据患者身体素质制订运动方案，提高患者身体素质，减少并发症与合并症的产生。而在医院中引入体育锻炼服务系统时，可借助健康管理系统实现健康数据的收集与管理。如在对患者进行治疗时，医生通过记录患者身体指标、体检结果等信息对患者的身体情况进行全面评估。在此基础上制订合理的运动计划并实施锻炼。同时，为更好地服务患者，需要强化医疗保健与体育锻炼之间的联系，在具体实施过程中将体医融合理念贯彻始终，使服务质量得到全面提

---

[1]国家体育总局群众体育司.体育总局关于进一步做好老年人体育工作的通知[EB/OL].（2022-04-21）[2023-11-07].https://www.sport.gov.cn/qts/n4986/c24218032/content.html.

升。对此，丰富医疗保健与体育锻炼服务内容可以从多方面着手。

首先，应提高医护人员对健康管理工作重要性的认识。其次，应该加强相关人员对身体锻炼与医疗保健工作重要性的认识。最后，还应将体育锻炼、健康管理体系等进行有机结合。可以说，加强医疗保健与体育锻炼相融合，能够更好地为患者提供服务。此外，也利于医疗保健与体育锻炼进行一体化管理，提升医疗保健的整体效果，减少健康问题的产生。

另一方面，可结合区域地理环境信息、人口信息、公共设施建设信息等，对区域体育公共设施进行合理布局，进一步整合场地、场馆、器械等相关资源，让资源的投入产出更为高效，依托体育保健实现大健康概念在实践层面成功落地实施。社区居民根据自身健康状况，在社区体育活动中选择合适的健身项目，制订科学的健身方案，通过互联网、信息系统等平台和信息化管理方法，结合区域居民人群健康状况、年龄结构、身体机能特点等因素，对区域体育资源进行有效配置，包括场地的分布和设施的配备及各项服务项目。社区居民可以在线上平台预约健身教练，针对自身的身体机能健康状况开展运动治疗、理疗等。同时利用健康管理数据，通过人工智能技术，对社区居民进行评估分类，建立社区居民电子档案数据库。结合城市社区生活和工作环境特点，根据居民体质数据指标和身体机能评估结果进行有效运动处方制订与实施。通过社区体育中心或基层医疗机构开展体育健康指导等运动处方的推广工作，让更多居民通过科学健康的方式改善身体素质状况。针对具有疾病高危因素的人群，根据患者不同的疾病特征及高危因素，选择适宜的体育项目开展运动干预、体质监测和营养指导等工作。社区居民可根据自身需要自主选择多种体育健身项目和方式。社区体育中心或基层医疗机构可以根据健康状况为社区居民提供体育锻炼指导、体质监测、健康管理咨询、开具运动处方等服务。

此外，体医融合作为一个多学科交叉融合的系统性工程，需要各个部门齐抓共管，建立完善的服务机制，将体医融合与城市社区管理紧密结合。一是社区居民在进行运动、锻炼时，要采取科学健康的方式，增强自我保健意识和能力，提高自我保健水平。二是社区体育中心或基层医疗机构可以通过健康档案、体质监测、健康教育、运动处方等方式，为社区居民提供个性化的体育保健服务。三是社区体育中心或基层医疗机构可以建立运动干预中心，设立专业的健身指导人员，对社区居民进行运动处方的制订、实施和调整，针对社区居民所患疾病及日常生活中存在的问题，综合运用体育保健、营养膳食等方法，开展运动处方制订及健康指导服务等工作。四是社区居民通过健康管理中心或基层医疗机构的咨询和指导，可以获取适合自己的运动处方内容和运动指导方式，以促进身体素质，使健康状况得到显著改善。另外，还应针对老年人、儿童、高血压患者等特殊人群，利用现有的健康管理技术平台，实现社区体育中心或基层医疗机构与社区卫生服务中心之间的信息共享、数据交换和双向转诊等功能，以更好地为社区居民提供精准化的体育健身指导服务。

四、强化非医疗手段力度，建立以疾病防治为目的的运动处方

非医疗手段指的是在医学或体育锻炼过程中，通过非医疗方式刺激人体某些区域，以改善人体的健康状况的手段。非医疗手段在体育运动中的运用有三种方式：一是运动健身可以不需使用任何医疗设备，只依靠简单的器械进行锻炼；二是运动健身可以不需要任何专业人员指导；三是运动健身可以通过各种非医疗手段来达到目的。

随着社会和经济的不断发展，人们的生活方式发生了巨大改变，由此引发的疾病也越来越多。虽然目前我国国民的体质状况已经有了明显改善，但在人口基数庞大、人民生活水平普遍提高的大背景下，国民的健康水平依然不容乐观。据世界卫生组织统计的数据显示，在2016年全球卫生费用中，用于医疗和保健的费用占比达到75%。可见，国民对健康的需求日益增加。新时代，伴随科学技术的不断进步和人们生活水平的提高，对健康问题的相关研究也越来越深入。从体育保健的功能性视角来看，体育保健具有改善身体健康、促进身心协调发展、提高生活质量、预防疾病发生等多种功能。这些功能均是实现体育保健的功能性目标所需要的，而不仅仅是单纯实现生理意义上的健康。从学科融合视角来看，"体医工融合"是指运用现代医学、体育、管理学等多学科的理论和方法进行交叉研究。从学科间相互关联的视角来看，"体医工融合"是指体育与卫生、健康、社会等学科之间的交叉研究与联合攻关。从大健康实践落地视角来看"体医工融合"是指运用大健康理念进行跨界协同创新。通过"体医工融合"可发挥资源共享、优势互补的协同效应。因此，无论从体育保健的功能性视角、学科融合视角、学科间相互关联的视角及大健康实践落地的视角，都充分体现出"体医工融合"的时代趋势。

（一）体育保健与社区管理的融合为社区居民提供全生命周期的医疗健康服务

"体医工融合"作为一种理念，其内涵很丰富，包括三个层次：第一层次是体、医相融合；第二层次是体、工相结合；第三层次是体、医、工相结合。这三个层次并不是并列的关系，而是递进关系。

"体医工融合"的内涵体现在以下三个方面。一是从体育保健的功能性角度来看：体育保健能够提高个体健康水平，预防疾病发生，改善身体状况，促进人的全面发展。二是从学科融合视角来看：体育保健是多学科交叉研究领域，学科间相互关联研究视角。体育与卫生、健康、社会等学科之间存在着内在联系和相互促进作用。体育与医疗、健康等学科具有相关联性和互补性，体育保健具有多学科融合属性。三是从"体医工融合"视角来看。运动处方是体育保健中最具特色的一种方法，它是指通过体育运动，针对不同人群的身体健康状况，在科学运动、营养均衡、心理健康及良好社会适应等方面提出具体的解决方案。通过科学合理、安全有效的体育锻炼方式与运动强度，以及营养、膳食、心理等各方面的设计，帮助患者进行恢复和调整，使其身体各系统功能达到最佳状态，并能有效预防疾病发生。它的受众对象是各类人群，包括运动员、老年人群、慢性病患者等。"运动处方"为体医、体育、医学等学科的融合提供了新视角，创造了新典范。

1."体医工融合" 为社区居民提供多样化体育项目、健身指导与咨询服务

"体医工融合"的实施路径，从国家政策层面上讲，是以社区为基点，以社区居民的健康需求为导向，依托社区各类资源，开展体育活动和健康服务，为社区居民提供多样化体育项目、健身指导与咨询服务。社区体育在推进全民健身运动中扮演着重要角色。社区体育是全民健身运动的基层组织，是开展全民健身活动的主要阵地。社区居民主要通过参加体育活动的方式来提高自身健康水平。社区居民的主要目的是参加各种体育活动，而不是为了治疗疾病。居委会等社区管理机构是社会基层组织，承担着社会管理与服务功能。社区居民对健康状况的需求与诉求存在差异。在医疗卫生服务无法满足居民需求时，社

区作为基层单位具有管理职责。在医疗卫生服务无法满足居民需求时，社区可以在掌握居民健康状况和需求的基础上，以体育锻炼为纽带，与医疗卫生服务形成互补性发展。

2."体医工融合"为社区居民提供全生命周期的医疗健康服务

"体医工融合"体现在全方位、全周期、全人群的医疗健康管理服务中，体育保健与社区管理的融合，能为社区居民提供全生命周期的医疗健康服务。《全民健身计划（2021—2025年）》提出"完善公共健身设施无障碍环境，开展残疾人康复健身活动。探索建立体育和卫生健康等部门协同、全社会共同参与的运动促进健康模式"[1]。国务院办公厅《"十四五"国民健康规划》指出"提升老年医疗和康复护理服务水平"；"完善从居家、社区到专业机构的长期照护服务模式。提升基层医疗卫生机构康复护理服务能力，开展老年医疗照护、家庭病床、居家护理等服务，推动医疗卫生服务向社区、家庭延伸"；"进一步增加居家、社区、机构等医养结合服务供给"[2]。

"体医工融合"的目的是让更多人认识到体育对健康的促进作用，增强人们参与运动锻炼的意识，采用科学的方式进行运动健身，加强全民健身公共服务体系建设。

3."体医工融合"促进医疗资源下沉

社区是开展体医融合、体校融合、学校体育改革等工作的基础，能够与医疗卫生系统形成协调发展格局。应加强体育与医疗卫生机构深度融合，鼓励社会力量开设医疗机构，完善医疗卫生资源配置结构。落实全民健身国家战略，深化体教融合、医教协同发展，完善体医结合标准体系和监测评估制度，促进健康与教育的深度融合。政府、社会组织、企事业单位等社会力量广泛参与公共体育服务体系建设和公共体育服务供给体系建设。积极培育第三方机构如健康管理公司、运动健身公司等新型服务组织，开展多层次、多形式的体育公共服务供给创新和模式创新。

---

[1] 国务院. 国务院关于印发全民健身计划（2021—2025年）的通知［EB/OL］.（2021-07-18）［2023-11-07］. https://www.gov.cn/gongbao/content/2021/content_5631816.htm.

[2] 国务院办公厅. 国务院办公厅关于印发"十四五"国民健康规划的通知［EB/OL］.（2022-05-20）［2023-11-07］. https://www.gov.cn/zhengce/zhengceku/2022-05/20/content_5691424.htm.

4. "体医工融合"促进居民参与健康管理与服务

"体医工融合"有利于居民主动参与社区组织的各项体育活动,能够激发社区居民的健康意识与能力,促进居民参与健康管理与服务;有利于加强对居民的健康素养培养,重点做好"三减四健"(减盐、减油、减糖、健康心理、健康体重、健康口腔和健康骨骼),不断增强居民健康意识;有利于加强慢性病防控,发挥体育在慢性病防治中的作用,普及科学运动健身知识,建立"运动处方"制度,通过政府购买服务的方式支持社区医务人员等专业人员为社区居民提供科学指导,支持社区体育社会组织参与运动促进健康行动;有利于加强社会体育指导员队伍建设,培养群众身边的科学健身指导教练。

(二)整合社区医疗卫生资源,构建医、防、教、体及康复等为一体的综合性社区卫生服务中心

整合社区医疗卫生资源,形成医、防、教、体及康复等为一体的综合性社区卫生服务中心,提升服务水平和质量,实现全方位、全周期、全人群管理。

一是加强社区卫生服务中心与社区体育组织的联动。通过政府购买服务的方式,支持社区卫生服务中心对体育设施进行功能改造和提升。支持社区以家庭为单位,在医生和健康管理师的指导下,科学开具运动处方,指导居家运动等。进一步强化社区在医疗健康服务"守门人"中的角色,将体育锻炼与医疗卫生服务进行融合,从以疾病为中心,转变为向以健康为中心,关注人群整体的健康水平和生活质量,并将预防的关口前移。

二是以体医融合为抓手,以居民身体素质和体质状况为依据,开展体育保健。针对不同年龄、性别、职业、体质特点的人群,确定不同群体科学锻炼的内容和方式,建立科学有效的体质监测及评价体系。探索将体医结合服务模式应用于慢性病预防与健康促进领域,进一步规范健康体检、疾病筛查、慢性病管理、慢性病干预等服务项目内容和方式。加快推进国民体质监测预警与干预体系建设,强化健身指导与风险干预等服务内容。鼓励健身企业联合医疗卫生机构,开发出能满足不同人群需要的运动健身项目。提升医疗卫生服务水平和质量,通过体医融合,促进医疗卫生服务更好地满足人民群众多样化健康需求。在医疗卫生服务的项目之外,通过体育锻炼、体育处方等相关内容,与医疗卫生服务形成互补性发展。同时,针对不同年龄、不同性别的人群,制订个

性化体育锻炼处方，帮助人们选择合适的运动项目、运动强度和运动频次。

三是不断健全完善全民健身相关法律法规和政策措施，推动《体育法》《全民健身条例》等法律法规落地实施。制定出台体育产业发展促进条例等部门规章，对"健康中国"战略实施过程中的重点难点问题提出明确要求，为体育产业发展提供坚实有力的法治保障。

此外，建立健全以政府购买服务为形式的社会体育指导员队伍建设机制。通过政府购买服务的方式，择优聘用具有社会体育指导员培训资质和指导能力的社会体育指导员，为城乡居民特别是儿童、青少年、老年人、残疾人等特殊群体提供科学健身指导服务。大力发展社区体育组织，充分发挥其在社区开展群众喜闻乐见的体育活动的作用，进一步促进全民健身与全民健康深度融合。通过购买服务的方式，鼓励相关企业等社会力量为城乡居民提供个性化、多样化的体育培训、指导和竞赛活动等服务。

同时，广泛开展群众喜闻乐见的全民健身赛事活动，不断丰富群众健身活动的内容和形式。支持有条件的地区规划建设一批有影响力的大型体育综合体，如运动休闲特色小镇、运动休闲基地等新型体育消费集聚区，提供更加便利化的全民健身服务。以学校为重点加快推进学校体育场馆向社会开放，广泛开展校内各类运动场所对外开放试点工作。突出体育在维护人类健康中具有核心地位与举足轻重的作用，凝练"生命在于运动"核心理念，让"治病不如防病"成为全社会的普遍共识。

第六节 提供"体医工融合"的人才和政策保障

人才是第一资源，政策是第一保障。"体医工融合"协同创新平台的建设与运行，需要相应的人才保障和相关政策予以支持，否则难以正常开展。应强化科技和智力支持，建立跨部门、跨行业的协同创新机制和运行模式，能够为促进"体医工融合"协同创新发展提供强有力的保障。

一、坚持政府主导，构建多元主体协同创新机制

目前，"体医工融合"协同创新平台建设中存在的主要问题是缺乏明确的组织架构和管理机制。对此，需要制定统一规划，加大政策保障。组建科技部

牵头、相关部委组成的"体医工融合"协同创新平台工作领导小组或协调委员会,统筹各部委间和创新平台建设工作。建立"省—市(区县)—项目部门"的协同合作机制,破除行政区划和部门权属的界限,加强政策协调对接,加大"体医工融合"支持力度,共同编制《"体医工协同"创新融合发展规划》,制订明确的工作任务和实施方案。在研究方向、技术路线、战略规划、实施路径等方面,明确目标定位和工作重点,在组织架构、管理机制等方面制定有关标准规范和保障措施等。

打造"体医工融合"协同创新发展信息共享平台,平台建设初期,制订较为详细的工作计划,对工作任务和重点进行细化。在平台建设中,明确各部门之间的职责划分及各部门之间的联系,以确保各项工作有序推进。在平台运行过程中,健全考核评价机制,对各部门的工作任务进行量化考核和评价。在平台建设完成后,要通过第三方机构评估,考核工作任务、目标实现情况。建立健全"体医工协同"创新融合发展综合协调机制,探索建立专项发展基金用于平台建设,统筹协调资源对接、项目研发、市场营销、组织管理,如设立国家重点研发计划专项、国家科技支撑计划专项等。并在科研经费的投入上做到专款专用、专项核算,不允许以项目经费形式对某一课题进行平均分配和使用,科研人员可以将部分绩效奖励用于创新平台建设,科技成果转化收益在扣除相关费用后作为创新平台建设经费;鼓励以股权投资方式投入建设资金;此外,还应该在税收政策、资金使用效率、科研人员激励等方面进一步完善相关政策。

二、加强体育科研人员队伍建设,完善人才培养机制

"体医工融合"协同创新平台是一个开放共享的平台,因此,引进高层次人才,需打破身份、学历、资历等条件限制,打破条条框框,不拘一格降人才,以需求为导向广纳贤才,吸引优秀科研人员到创新平台开展科学研究和技术开发。

一是建立以创新驱动为内核的体育科研人员队伍建设机制,通过加大对体育科研人员的培训力度,建立一支包括专职和兼职体育科技人员、"体医工融合"专业人才、"双一流"高校的体育专业人才、产业科技专家等在内的多层次、多渠道的科研队伍,探索建立校企联合人才培养模式,充分发挥出他们在"体医工融合"创新中的优势,为"体医工融合"协同创新提供人才保障。

二是建立一支包括体育科技人员、运动医学专家、产业科技专家在内的多层次体育科研队伍，在"体医工融合"中发挥重要作用。

三是建立与培养具有"体医工"创新能力的人才队伍，提升新时代体育科技人才的创新能力和实践能力。通过提升科研人员的创新能力和实践能力，将进一步促进体育产业转型升级，实现从"中国制造"到"中国创造"的转变。

四是以教育部、财政部和发展改革委联合印发的《关于高等学校加快"双一流"建设的指导意见》[1]为导向，根据"体医工融合"协同创新的需要，对高校体育专业师资队伍进行改革，加强师资队伍建设，形成具有体育学科背景的复合型师资团队，不断提高人才培养质量，加强创新人才培养。

五是以"双一流"高校为基础，建立与其相配套的体育科研机构，成立"体医工融合"协同创新中心、运动医学研究所、体育产业研究院等机构或部门，专门从事"体医工融合"创新方面的研究，形成"体医工融合"研究新体系。

六是加大对从事体育科技人员、"体医工融合"专业人才的培训力度，重点加强对现有人员的培训工作和重点人才队伍建设工作。

七是充分利用好现有院校体育教育、运动医学、体育科技等专业或科研机构培养具备"体医工融合"能力的人才队伍。积极引导和鼓励有条件的大专院校或科研院所建设运动医学研究所、运动医学实验室等机构。推动建立产学研结合发展模式，构建多层次、多元化、开放式的产学研联盟，鼓励有条件的科研机构、高校与企业共同组建实体化运行机构。

八是鼓励科研人员积极参与国家、地方政府及行业组织举办的各种体育科技创新活动。

三、建立有效的人才激励机制，为科技人员充分发挥智慧提供制度保障

"体医工融合"协同创新平台的建设与运行需要充分发挥科研人员的积极性、主动性和创造性，需要将人才培养、科学研究、成果转化与企业需求紧密结合起来。因此，在创新平台建设之初就需要考虑人才引进、培养和使用问

---

[1] 教育部，财政部，发展改革委.教育部 财政部 发展改革委印发《关于高等学校加快"双一流"建设的指导意见》的通知［EB/OL］.（2018-08-08）［2023-11-07］. https://www.gov.cn/gongbao/content/2019/content_5355477.htm.

题，为人才的成长与发挥作用创造条件，建立合理的人才培养、科学研究和成果转化激励机制。

第一，构建体医融合新型科研体系。新的科研体系应以科研人员的创新能力为导向，改变现有以行政管理人员为主的科研模式，打破传统管理机构之间的壁垒，实现资源共享和整合。通过创新研究体制，赋予科技人员更大的自主权和灵活性，为科技人员充分发挥智慧提供制度保障。同时，要加强高校与医疗机构的合作，将体育相关学科专业与医学学科相整合，逐步形成体医融合、跨界交叉的科研体系。

第二，加强国际交流与合作。引进国际先进管理理念和模式，加快转变教育观念和教学方式。推进体制改革和制度创新，充分调动体育产业、体育人才和高校等方面的积极性。加大科技交流与合作的力度，促进科技资源共享、创新能力提升及科技成果转化。加强国际交流与合作，并完善合作工作制度。

第三，加大财政支持力度。由于体育产业领域具有投入大、产出慢、风险高等特点，对这一领域的资金投入必须有严格限制。从经济学角度分析，只有在符合一定条件时才能成立国有独资的体育产业公司。

第四，制定鼓励政策。通过激励机制吸引更多专业人才投身到体育产业中，将"体育人才"培养作为一项重点任务纳入国家和地方人才计划，注重综合素质培养和基础研究能力提升。加快培养一批"双师型"教师和高水平学科带头人，完善高层次人才引进政策。健全高水平体育产业科研机构评价和激励机制。制定科学合理的科研成果转化政策体系，在科学研究上要将市场需求和技术转化紧密结合起来，在成果转化上要坚持"以企业需求为导向"的原则，充分发挥企业的主体作用，鼓励科研人员进入体育产业领域中，加大对人才科研成果的奖励力度，对取得重大成果的个人给予物质奖励和精神奖励，以此实现人力资源的优化配置，加速"体医工融合"进程。